Graham Foster

Methoden zur Motivation im Deutschunterricht Sek. I

55 praktische Ideen für den Alltag

 Verlag an der Ruhr

Impressum

Titel:	**Methoden zur Motivation im Deutschunterricht** 55 praktische Ideen für den Alltag
Titel der englischen Originalausgabe:	**Language Arts Idea Bank** – Instructional strategies for supporting student learning © 2003 by Pembroke Publishers, 538 Hood Road, Markham, Ontario, Canada L3R 3K9
Verlag:	**Verlag an der Ruhr** Alexanderstraße 54 – 45472 Mülheim an der Ruhr Postfach 10 22 51 – 45422 Mülheim an der Ruhr Tel.: 0208/4395450 – Fax: 0208/4395439 E-Mail: info@verlagruhr.de www.verlagruhr.de © der deutschsprachigen Ausgabe: Verlag an der Ruhr 2004 ISBN 3-86072-870-9
Autor:	Graham Foster
Übersetzung:	Susanne Schmelzer
Illustrationen:	Magnus Siemens
Druck:	Druckerei Uwe Nolte, Iserlohn
geeignet für die Klasse	5 6 7 8 9

Die Schreibweise der Texte folgt der reformierten Rechtschreibung.

Gedruckt auf chlorfrei gebleichtes Papier.

Inhaltsverzeichnis

Teil A: Lesen

Teil B: Schreiben

Teil C: Sprechen und Zuhören

Teil D: Betrachten und Darstellen

Anhang

Widmung und Danksagung

Gewidmet den fünf Pädagogen,
deren Arbeit in dieses Buch eingegangen ist.
Aufrichtigen Dank an Ken Bobrosky,
Mary Frampton, Carl Horak, Cathy Beveridge
und Viktoria Mustapic.

Der Autor bedankt sich für die Beiträge
der Lehrer von der Good Shepard School
in Okotoks, Alberta, und von der
Clear Water Academy in Calgary, Alberta.

Schüler* für den Deutschunterricht begeistern

Schüler zum Lernen motivieren, ihnen helfen, sich auf ihre Aufgaben zu konzentrieren und sie anleiten, das eigene Lernen selbst in die Hand zu nehmen – das sind nach wie vor die Herausforderungen, denen wir Lehrer uns stellen müssen. Motivierte und konzentrierte Schüler können besser lernen. Angesichts immer härterer Lehrplananforderungen ist es daher wichtig, dass wir Schüler befähigen, ihren eigenen Lernprozess aktiver mitzugestalten. Wenn Schüler mehr Bewusstsein für eigenverantwortliches Arbeiten entwickeln, Rücksicht auf andere nehmen und lernen, wie man Aufgaben selbständig zu Ende bearbeitet, können Lehrer mit ihrer Arbeit sehr zufrieden sein.

Dieses Buch für den Deutschunterricht will Lehrern helfen, eigenverantwortliches und aktives Lernen bei ihren Schülern zu fördern. Wenn Schüler ihr Potential nicht ausschöpfen, hat das meist weniger mit Unvermögen als mit ineffektiven Strategien zu tun. Das Buch bietet eine Vielzahl von Strategien, die sich gut praktisch umsetzen lassen. Die Aktivitäten wurden im Unterricht erprobt und helfen Schülern nachweislich, besser zu lernen.

Außerdem unterstützen die Aktivitäten Lehrer bei der Bewältigung typischer Unterrichtsprobleme. Motivierte und aufmerksame Schüler stören selten den Unterricht. Daher setzt das Buch den Schwerpunkt auf Motivation und achtet stets auch darauf, dass die Unterrichtsorganisation von den Aktivitäten profitiert.

Den modernen Lernzielen für die Arbeit mit Texten entsprechend widmet sich das Buch gedruckten, gesprochenen und von Medien aufbereiteten Texten. Wer sich kritisch mit Texten auseinander setzen will, muss nicht bloß unterschiedliche Formen des mündlichen Vortrags analysieren, sondern auch geschriebene und gesprochene Texte in Büchern, Zeitungen, Zeitschriften, Radio- und Fernsehsendungen, Filmen, Videoaufzeichnungen und Kommunikationsmitteln, die durch Computertechnik zugänglich sind.

* Aus Gründen der besseren Lesbarkeit haben wir in diesem Buch durchgehend die männliche Form verwendet. Natürlich sind damit auch immer Frauen und Mädchen gemeint, also Lehrerinnen, Schülerinnen etc.

Vorwort

Die Auswahl der vorgestellten Unterrichtsideen spiegelt meine persönlichen Präferenzen und Prioritäten wider. Die Vorschläge wurden entwickelt, um Unterrichtsprobleme zu lösen, die ich und meine Kollegen in über 30 Jahren Erziehungsarbeit immer wieder erlebt haben. Sie knüpfen an Situationen aus dem Schulalltag an, wobei sich jeder pädagogische Tipp leicht den individuellen Gegebenheiten, Bedürfnissen, Interessen und dem Unterrichtsstil des Lesers anpassen lässt.

Ganz im Sinne eines effektiven Sprachunterrichts verbinden die empfohlenen Lernaktivitäten das **Lesen, Schreiben, Sprechen, Zuhören, Betrachten** und **Darstellen** miteinander. Beispielsweise wird die Arbeit mit unterschiedlichen Formen von Übersichtsdiagrammen zur Entwicklung von Fertigkeiten in den oben genannten Bereichen näher erläutert. Bei jeder Aktivität sind die Beiträge den wichtigsten Schlüsselkompetenzen nach geordnet. Diese Gewichtung und die entsprechende Platzierung waren kein leichtes Unterfangen.
Das Buch stellt über 55 Aktivitäten in vier größeren Abschnitten vor, die verschiedene Bereiche des Deutschunterrichts repräsentieren:

 ➡ **A: Lesen**

 ➡ **C: Sprechen und Zuhören**

 ➡ **B: Schreiben**

 ➡ **D: Betrachten und Darstellen**

Da Lesen und Schreiben im Deutschunterricht am stärksten gewichtet werden, bietet das Buch mehr Lese- und Schreibaufgaben als Aktivitäten zu den anderen Kompetenzen an. Es bleibt zu hoffen, dass dieses Buch den Leser auch ermuntert, sich mit Kollegen über Unterrichtspraktiken und Erfahrungen auszutauschen. Die eigene Unterrichtspraxis durch kontinuierlichen Dialog mit Kollegen und anderen Fachkräften zu verbessern, ist eine der wirkungsvollsten Maßnahmen zur beruflichen Weiterbildung. Dieses Buch bietet dem Leser eine sichere Basis, auf der er seinen eigenen Ideenfundus für den Deutschunterricht aufbauen kann.

Index

Index

Teil A:  Lesen

Übersicht Teil A: Lesen

Die in Teil A vorgestellten Unterrichtsideen und Aktivitäten fördern die Lesekompetenz Ihrer Schüler und stellen dabei das Textverständnis in den Vordergrund. Die Schüler üben den aktiven Umgang mit Literatur und Texten und finden Spaß am regelmäßigen Lesen.

Lesestrategien im Überblick

Die hier vorgestellten Aktivitäten motivieren Schüler, über sich selbst als Leser nachzudenken. Die Schüler machen sich individuelle Gewohnheiten zu Nutze und lernen Strategien kennen, mit denen sie mehr Lesespaß und ein besseres Textverständnis entwickeln.

- ➧ **Leseprofile – das eigene Leseverhalten analysieren** (S. 14/15)
- ➧ **Sich selbst als Leser wahrnehmen** (S. 16–19)
- ➧ **Besseres Textverständnis durch die Aufdeck-Methode** (S. 20–22)

Aufmerksames Lesen fördern

Die Aktivitäten konzentrieren sich auf die typische Leseschwierigkeit, beim Lesen auf inhaltliche Details zu achten. Wenn Schüler solche Details sorgfältig beachten, können sie ihre Leistungen in vielen Bereichen der Lesekompetenz steigern.

- ➧ **Passende Überschriften zu Texten finden** (S. 23/24)
- ➧ **Textabschnitte in die richtige Reihenfolge bringen** (S. 25/26)
- ➧ **(Voreilige) Interpretationen überprüfen** (S. 27/28)
- ➧ **Das Lesespiel – wer hat den Text wirklich gelesen?** (S. 29–31)

Übersicht Teil A: Lesen

Mit Literatur und Texten arbeiten

Hier verbinden die Schüler Texte mit eigenen Erfahrungen und lernen, dass man durch Lesen mehr über sich selbst herausfinden kann.

- **Literatur mit persönlichen Erfahrungen verbinden** (S. 32–35)
- **Lesetagebücher führen** (S. 36/37)
- **Vorschläge für die Arbeit mit freier Lektüre** (S. 38–40)
- **Buchempfehlungen schreiben** (S. 41/42)

Wortschatz ausbauen und erweitern

Hier werden spannende handlungsorientierte Alternativen zum Nachschlagen von Begriffen im Wörterbuch aufgezeigt. Dabei lernen die Schüler, wichtige literarische Fachbegriffe korrekt zu benutzen.

- **Muss man fremde Begriffe immer im Wörterbuch nachschlagen?** (S. 43–45)
- **Mit Schaubildern Charaktereigenschaften beschreiben** (S. 46)
- **Wichtige Grundlagen für die Analyse von Gedichten** (S. 47/48)
- **Ein Glossar literarischer Fachbegriffe anlegen** (S. 49)

Regelmäßiges Lesen fördern

Untersuchungen zeigen, dass zwischen regelmäßigem Lesen und Leseverständnis ein direkter Zusammenhang besteht. Die hier vorgestellten Aktivitäten motivieren Schüler, regelmäßig zu ihrem eigenen Vergnügen zu lesen. Im letzten Beitrag geht es darum, wie Sie als Deutschlehrer damit umgehen können, wenn Eltern Einwände gegen Ihre Textauswahl haben.

- **Mehr Spaß an Gedichten** (S. 50)
- **Ein Lese-Förderprogramm aufbauen** (S. 51/52)
- **Was tun, wenn Eltern die Textauswahl beanstanden?** (S. 53)

Leseprofile – das eigene Leseverhalten analysieren

Problem:

Um Ihre Schüler einschätzen zu können, lassen Sie zu Beginn des Schuljahres jeden Schüler ein Leseprofil ausfüllen. Sie möchten diesen Fragebogen allerdings zu mehr als bloß zum Kennenlernen nutzen.

Ziel:

Durch fortwährende Analyse des eigenen Leseverhaltens verstehen die Schüler den Leseprozess besser.

So geht's:

Lassen Sie die Schüler einander zu Beginn des Schuljahres gegenseitig befragen und Profile wie das auf Seite 15 dargestellte erstellen. Sie sollten dann über das Schuljahr hinweg drei bis zehn weitere Befragungen durchführen. Interviewer und Befragter diskutieren anhand des Fragebogens darüber, was sich verändert hat, was sie gelernt haben und welche Ziele sie sich setzen.

Alternativ können die Schüler den Fragebogen auch in Einzelarbeit ausfüllen und das Prozedere drei- bis zehnmal während des Schuljahrs wiederholen. Bei jedem neuen Durchgang schreiben sie auf, was sich verändert hat, was sie gelernt haben und welche Ziele sie sich setzen. Der folgende Bogen wurde von einem Sechstklässler ausgefüllt, eine Kopiervorlage finden Sie im Anhang.

Tipp

Diese Dokumentation eignet sich auch als Grundlage für Lehrer-Schüler-Gespräche.

Mein aktuelles Leseprofil   Datum: 9. März 2004

Aufgabe: Beschreibe möglichst genau deine Gewohnheiten
und Eigenschaften als Leser!

- **Das Erste, was ich mir bei einem Buch anschaue:**
  Den Titel, das Titelbild und was auf der Rückseite steht.

- **Ich lese gern Bücher, die so aussehen, als seien sie ...**
  spannend und mit viel Action.

- **Was mich davon abhält, ein Buch zu lesen:**
  Ein langweiliger Titel und ein schlechtes Titelbild.

- **Normalerweise lese ich ein Buch innerhalb von   (Tagen/Wochen).**
  Das kommt darauf an, wie lang und wie spannend das Buch ist.

- **Meine Lieblingsautoren:**
  Ich habe keine Lieblingsautoren, aber meine Lieblingsbücher sind
  Harry Potter, Level 4 – Die Stadt der Kinder und Der kleine Hobbit.

- **Wenn ich mich selbst als Leser beschreibe, klingt das so:**
  Ich lese gern Fantasy-Bücher und Geschichten, die mir das
  Gefühl geben, richtig dabei zu sein.

- **Meine guten Lesegewohnheiten:**
  Ich lese normalerweise die ersten beiden Kapitel,
  um herauszufinden, ob ein Buch gut oder langweilig ist.

- **Lesegewohnheiten, die ich gern ändern würde:**
  Ich beurteile Bücher oft allein nach dem Aussehen.

- **Meine Leseziele für dieses Halbjahr (diese Woche/diesen Monat):**
  Ich möchte lernen, auch andere Arten von Büchern zu lesen.

Sich selbst als Leser wahrnehmen

Problem:
Die Lesefertigkeit Ihrer Schüler stagniert. Gute Schüler bekommen bei jeder Aufgabe gute Noten, schwache Schüler bleiben schwach.

Ziel:
Die Schüler verbessern ihre Lesefertigkeit, indem sie sich selbst als Leser wahrnehmen und erkennen, welche Lesestrategien bei ihnen greifen.

So geht's:
Zeigen Sie Ihren Schülern möglichst viele unterschiedliche Methoden auf (siehe die im Folgenden vorgestellten „vorher-, während- und nachher-Strategien") und setzen Sie den Schwerpunkt Ihres Unterrichts auf Metakognition. Metakognitive Schüler (also Schüler, die über den eigenen Lernprozess nachdenken) können beschreiben, wie sie Aufgaben erfüllen und können die für sie selbst am besten geeigneten Lernmethoden eigenständig ermitteln.
Schüler lesen besser mit Hilfe von Strategien, die ihnen helfen zu verstehen, was sie gerade lesen. Sie können Schülern helfen zu erkennen, was für ein Lesetyp sie sind, indem Sie Lesestrategien vorstellen und die Praktiken geübter Leser beschreiben. Dann sollen die Schüler herausfinden, welche Ansätze für sie selbst am besten funktionieren. Dazu beschreiben sie ihre Strategien mit Hilfe eines dreiteiligen Gerüsts. Die Schüler sollen sich folgende Fragen stellen:

1. *Welche Methoden bevorzuge ich, **bevor** ich diesen Text lese?*
2. *Welche Methoden bevorzuge ich, **während** ich diesen Text lese?*
3. *Welche Methoden bevorzuge ich, **nachdem** ich diesen Text gelesen habe?*

Welche Methode zu bevorzugen ist, richtet sich auch immer nach der Textart. Die Schüler werden merken, dass sie an ein Gedicht anders herangehen können und sollen, als an einen Zeitungsartikel. In der Fachliteratur wird häufig hervorgehoben, dass ein effektiver Leseprozess an die Erfahrungen geübter Leser anknüpfen und berücksichtigen sollte, was diese vor, während und nach dem Lesen tun. Auch Ihre Schüler sollten anhand dieser Kriterien herausfinden und beschreiben, mit welchen Lesestrategien sie gut arbeiten können.

Sich selbst als Leser wahrnehmen

Vor dem Lesen

Geübte Leser verknüpfen die neuen Informationen aus dem Text mit dem, was sie bereits über das Thema wissen. Folgende Strategien bauen auf dieser Vorgehensweise auf:

- **Hintergrundwissen aktivieren bzw. aneignen:** Jemand, der sich zum Beispiel mit Tennis auskennt, hat bereits den entsprechenden Hintergrund, um Begriffe wie „Tiebreak", „Volley", „Doppelfehler" oder „Netzroller" zu verstehen. Jemand, der hingegen nichts von Tennis versteht, kann sich das Lesen erleichtern, indem er sich dieses Hintergrundwissen aneignet.
- **Leseziele formulieren:** Welchen Zweck verfolge ich beim Lesen – will ich Informationen sammeln, bestimmte Fakten belegen können oder Charakterzüge herausarbeiten? Wer eine Leseabsicht formuliert, liest konzentrierter.
- **Vorhersagen oder kritisch überprüfen:** Wer bereits vor dem Lesen Vermutungen über den Verlauf einer Geschichte äußert und diese Vermutung anschließend überprüft, liest aufmerksamer und zielgerichtet.

Beim Lesen

Welche der folgenden Strategien zu bevorzugen sind, richtet sich stark nach der Textsorte und den Vorlieben des Lesers.

- **Sich etwas veranschaulichen oder ausmalen:** Diese Strategie nutzt die Vorstellungskraft beim Lesen. Der Leser lässt das Gelesene als „Film in seinem Kopf" ablaufen.
- **Text in Sinnabschnitte unterteilen:** Der Leser erfasst den Text leichter, wenn er ihn in kürzere gedankliche Einheiten, wie zum Beispiel Sätze, Strophen oder Absätze, strukturiert.
- **Vorhersagen und prüfen:** Geübte Leser überlegen sich häufig während des Leseprozesses, wie ein Text weitergeht und drücken dies in Form einer Vermutung oder einer Frage aus: „Ich glaube, der Gärtner hat es getan." (Vermutung) bzw. „Kann jemand anderer als der Gärtner schuldig sein?" (Frage).
- **Texte mit eigenen Erfahrungen verbinden:** Die Verbindung mit persönlichen Erfahrungen funktioniert ähnlich wie die Aktivierung von Hintergrundwissen. Wer eigene Erfahrungen, zum Beispiel mit dem Thema Verrat, gemacht hat, kann verstehen und beurteilen, wie überzeugend das Thema in einem Roman dargestellt wird.

Sich selbst als Leser wahrnehmen

- **Auf den Sinn achten:** Gute Leser reagieren auf Textstellen, denen sie keinen Sinn abgewinnen können, indem sie noch einmal im Text zurückblättern und den Sachverhalt prüfen, oder sie nehmen ein Wörterbuch oder ein anderes Nachschlagewerk zu Hilfe.
- **Zusammenfassen oder in eigenen Worten nacherzählen:** Selbst geübte Leser erfassen den Sinngehalt eines Textes dann am besten, wenn sie ihn in eigene Worte fassen.

Nach dem Lesen

Folgende Strategien überschneiden sich zum Teil mit den bereits während des Leseprozesses anzuwendenden.

- **Zusammenfassen**
- **Vermutungen überprüfen**
- **Fragen beantworten**
- **Kontrollieren, um Interpretationen zu präzisieren:** Gute Leser entscheiden sich nicht so schnell für eine bestimmte Deutung. Sie überlegen zunächst in Ruhe, was die wichtigste Aussage des Textes sein könnte und suchen dann nach entsprechenden Textstellen, die ihre Interpretation belegen. Bei Multiple-Choice-Lesetests lässt sich diese Strategie so umsetzen, dass der Text immer überprüft wird, bevor man sich für eine der angebotenen Antworten entscheidet.

Als Lehrer können Sie neben der üblichen Bewertung des Leseverständnisses auch die Anwendung von Lesestrategien bewerten. Die Schüler müssen nicht nur Fragen zu unbekannten Texten beantworten, sondern auch aufschreiben, welche Strategien sie vor dem Lesen, währenddessen und danach anwenden. So können Sie herausfinden, wie gut die Schüler in der Lage sind, ihr Lernen und Vorgehen zu beobachten und zu beschreiben. Und vor allem werden Sie feststellen, dass Schüler, die ihre Lesestrategien beschreiben können, die erfareneren Leser sind. Das folgende Beispiel zeigt, wie ein Sechstklässler zu metakognitivem Lesen motiviert wurde; eine Kopiervorlage finden Sie im Anhang.

Sich selbst als Leser wahrnehmen

Wie ich mich selbst als Leser verstehe

Titel des Textes: „Mit Jeans in die Steinzeit" von Wolfgang Kuhn*

- **Strategien, die ich vor dem Lesen angewendet habe:**
  Bevor ich eine Geschichte lese, schaue ich mir das Titelbild an und stelle mir vor, was in dem Buch passiert.

- **Strategien, die ich beim Lesen angewendet habe:**
  Beim Lesen denke ich mir zur Handlung passende Bilder aus und stelle mir vor, ich sei einer der Charaktere in der Geschichte. Außerdem überlege ich mir, was als Nächstes passieren wird und wie sich die Person fühlt.

- **Strategien, die ich nach dem Lesen angewendet habe:**
  Nach dem Lesen überlege ich, was noch so alles in der Geschichte passieren könnte oder ich denke mir ein besseres Ende aus.

- **Meine Leseziele für die Zukunft:**
  Ich möchte noch mehr Abenteuergeschichten lesen und auch längere, spannende Bücher lesen.

- **Was ich über mich selbst als Leser gelernt habe:**
  Ich lese gern spannende Geschichten darüber, wie Menschen in abenteuerlichen Situationen überleben. Ich mag auch Bücher, die am Ende eine aufregende Wendung nehmen.

* Vergleiche dazu auch die Literatur-Kartei
von Uta Hartwig: „Mit Jeans in die Steinzeit",
Verlag an der Ruhr, 1997. ISBN: 3-86072-321-9

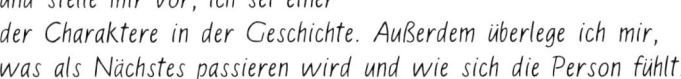

Lesestrategien im Überblick

Besseres Textverständnis durch die Aufdeck-Methode

Problem:
Ihre Schüler zeigen nur begrenztes Textverständnis und erkennen nicht, welche Lesestrategien für sie geeignet sind.

Ziel:
Die Schüler trainieren die erfolgreiche Anwendung von grundlegenden Lesestrategien.

So geht's:
Die „Aufdeck-Methode" ist ein sinnvoller Ansatz, wenn Sie das Bewusstsein der Schüler für geeignete Lesestrategien fördern wollen. Diese Methode lässt sich gut auf kurze Texte, insbesondere kurze Gedichte, anwenden.

Die Schüler brauchen ein Blatt Papier oder ein Stück Pappe, um damit den Text abdecken zu können. Beim Freilegen oder „Aufdecken" des Textes befolgen sie Ihre Anweisungen. Probieren Sie folgenden Ablauf aus:

➡ **1. Schritt:** Die Schüler legen nur die Überschrift frei und betrachten die Illustration – sofern der Text illustriert ist. Fragen Sie, was geübte Leser ihrer Meinung nach vor dem Lesen tun. *(Sie legen Hintergrundwissen an oder aktivieren vorhandene Kenntnisse, stellen Vermutungen an und formulieren Absichten, die sie beim Lesen verfolgen wollen.)*

➡ **2. Schritt:** Die Schüler legen eine komplette Texteinheit frei, zum Beispiel einen Satz oder einen Absatz. Fragen Sie, warum es Lesern hilft, den Text in einzelne Texteinheiten aufgeteilt zu lesen. *(Texteinheiten, wie zum Beispiel Absätze, sind vollständige Gedanken oder Sinneinheiten.)*
Fragen Sie die Schüler, was gute Leser ihrer Meinung nach beim Lesen tun. *(Sie stellen sich Situationen bildhaft vor, fassen Inhalte zusammen, hinterfragen Dinge, stellen Vermutungen an und verbinden den Text mit persönlichen Erfahrungen.)*

➡ **3. Schritt:** Konzentrieren Sie sich auf eine bestimmte Strategie – zum Beispiel Veranschaulichen, Hinterfragen, Vermutungen anstellen oder Zusammenhänge herstellen. Die Schüler tauschen ihre Ideen zu den jeweiligen Strategien aus.

➡ **4. Schritt:** Fahren Sie mit dem Aufdecken fort, bis die letzte Texteinheit erreicht ist. Nun stellen die Schüler mit ihrer bisherigen Textkenntnis letzte Vermutungen an. Auf diese Weise lernen sie, dass die letzte Texteinheit häufig noch einmal die Kernaussage hervorhebt oder eine überraschende Wendung beinhaltet. In Erzählungen wird oft im letzten Textabschnitt deutlich, was sich für die Hauptfigur bzw. in deren Leben geändert hat. Wenn sich Leser nicht sicher sind, welchen Sinn oder welche Aussage ein Text hat, gelangen sie durch die letzte Texteinheit häufig zu einem besseren Verständnis.

➡ **5. Schritt:** Die Schüler schreiben ihre Textinterpretationen auf – zum Beispiel indem sie Fragen beantworten – und überprüfen den Text bei der anschließenden Durchsicht auf Belege für ihre Interpretation. Fragen Sie, warum gute Leser so vorgehen. *(Sie präzisieren ihre Interpretationen und geben sich nicht mit einer unvollständigen Auslegung zufrieden.)*

Ihr braucht ein Blatt Papier oder ein Stück Pappe.

Tipp:
Wenn Ihre Schüler große Schwierigkeiten haben, sich auf einen Text zu konzentrieren, sollten Sie die „Aufdeck-Methode" lieber von Anfang bis Ende als schriftliche Aufgabe durchführen. Die Schüler können sich zu jedem Einzelschritt Notizen machen.

Das folgende Schülerbeispiel bezieht sich auf das Gedicht „Erlkönig" von Johann Wolfgang Goethe. Eine Kopiervorlage des Fragebogens finden Sie im Anhang.

Besseres Textverständnis durch die Aufdeck-Methode

Textarbeits-Protokoll für die Aufdeck-Methode

Titel: *„Erlkönig" von Johann Wolfgang Goethe*

- **Illustration (falls vorhanden) und Überschrift freigelegt, Text abgedeckt**
  Mein Hintergrundwissen, meine Vermutungen und mein Leseanreiz:
  Ich denke, das Gedicht handelt von einem Märchenkönig.

- **Erste Texteinheit freigelegt**
  Meine Vorstellung/eigene Formulierung/Frage oder Vermutung:
  Vater und Sohn sind vielleicht auf der Flucht.
  Der Vater beschützt seinen Sohn.

- **Zweite Texteinheit freigelegt**
  Meine Vorstellung/eigene Formulierung/Frage oder Vermutung:
  Nur der Sohn kann den Erlkönig sehen. Der Erlkönig ist vielleicht ein Geist.

- **Dritte Texteinheit freigelegt**
  Meine Vorstellung/eigene Formulierung/Frage oder Vermutung:
  Der Erlkönig will das Kind überreden, mit ihm zu kommen.

- **Vierte Texteinheit freigelegt**
  Meine Vorstellung/eigene Formulierung/Frage oder Vermutung:
  Der Vater sieht und hört nicht das, was sein Sohn sieht,
  für ihn ist der „Geist" bloß eine gewöhnliche Naturerscheinung.
  Die Stimmung ist sehr unheimlich.

- **Fünfte Texteinheit freigelegt**
  Meine Vorstellung/eigene Formulierung/Frage oder Vermutung:
  Fünfte – Siebte Texteinheit: Das Ganze wiederholt sich noch einmal.
  Schließlich scheint der Erlkönig sich den Jungen mit Gewalt holen
  zu wollen und der Sohn ruft seinen Vater um Hilfe an.
  ... (Die Anzahl der Texteinheiten variiert mit der Länge des Texts.) ...

- **Letzte Texteinheit freigelegt**
  Meine Interpretation und die Antwort auf meine Fragen und Vermutungen:
  Der Vater konnte sein Kind nicht retten, vielleicht war es krank und hatte
  Fieber und der Erlkönig war ein Fiebertraum. Meine Vermutung, dass der
  Erlkönig ein Märchenkönig ist, war nicht ganz falsch, es gibt ihn nämlich
  gar nicht wirklich. Der Vater war mit seinem Sohn nicht auf der Flucht,
  er wollte das Kind vielleicht schnell zu einem Arzt bringen, oder nach Hause.

Passende Überschriften zu Texten finden

Problem:

Brauchen Ihre Schüler Streichhölzer, um die Augen offen zu halten, wenn sie einen Text lesen? Zeigen Sie ihnen, wie sie sich besser auf inhaltliche Details konzentrieren können!

Ziel:

Die Schüler üben, zum Text passende Überschriften zu erfinden und damit eigene Vermutungen als sinnvolle Strategie zur Erfassung des Inhalts zu nutzen.

So geht's:

Stellen Sie in der Klasse kurze Texte vor, zum Beispiel schriftliche Arbeitsproben von anderen Schülern. Die Schüler sollen nun gemeinsam eine zum Text passende Überschrift finden. Alternativ lesen einzelne Schüler kurze Abschnitte aus eigenen Texten vor und die Zuhörer überlegen sich eine passende Überschrift. Die Aufgabe erfordert Aufmerksamkeit beim Lesen und Zuhören und fördert außerdem Fantasie und assoziatives und offenes Denken. Die Schüler werden möglicherweise sogar besser passende Überschriften vorschlagen als die, die ihre Klassenkameraden oder andere Autoren gewählt haben. Anhand der folgenden Gedichte von Fünft- und Sechstklässlern lässt sich die Methode veranschaulichen.

Die tatsächlichen Überschriften der beiden Gedichte lauten:
I. Verlassenes Haus und II. Die Tänzerin.

I. Überschrift:

_____

Bei Einbruch der Nacht
schleichen die Schatten
aus ihrem Versteck heraus.
Sie fliegen zu dem verlassenen Haus
in unserer Straße, dort an der Ecke.

Meine Augen schauen
zum Fenster hinaus
und ich sehe sie umherkriechen.
Ich frage mich
warum nur, warum
kommen sie hierher?

Verfolgen sie mich?
Doch warum –
was habe ich getan?

Jan, 6. Klasse

II. Überschrift:

_____

Ihre Beine schmerzten
und die Füße noch mehr,
dennoch schwebte sie grazil über die Bühne daher.

Ihre Spitzenschuhe schmutzig,
ein Stück Kostüm verloren,
und doch war klar: Ein Star war geboren.

Eva, 5. Klasse

Textabschnitte in die richtige Reihenfolge bringen

Problem:

Das Leseverständnis Ihrer Schüler macht Ihnen Sorgen. Die Schüler legen sich zu schnell auf eine bestimmte Deutung fest und achten nicht ausreichend auf inhaltliche Details.

Ziel:

Die Schüler lernen auf spielerische Weise, sorgfältiger auf Details im Text zu achten.

So geht's:

Die Aufgabe, durcheinander geratene Textabschnitte in die richtige Reihenfolge zu bringen, fördert aufmerksames Lesen. Zerschneiden Sie einfach einen kurzen Text – zum Beispiel einen Zeitungsartikel – in verschiedene Sinnabschnitte und bringen Sie diese gründlich durcheinander. Die Schüler bestimmen nun die logische Reihenfolge der Textabschnitte. Haptische Lerner profitieren davon, die Textabschnitte beim Sortieren bewegen zu können. Natürlich erfordert diese Variante ein bisschen mehr Vorbereitungszeit als das einfache Beispiel auf Seite 26. *Die korrekte Reihenfolge der Abschnitte lautet: D, B, E, A, C.*

Prinzessin nach OP größer

Prinz Andrew, der Sohn von Königin Elizabeth, erklärte, dass seine Tochter, Prinzessin Eugenie, bei einer Operation zur Begradigung ihres Rückgrats um 5 cm gewachsen sei. Vor der siebenstündigen Operation war die Prinzessin 1,60 m groß. Einige Tage danach war sie um 5 cm gewachsen. Der Prinz zeigte sich erleichtert darüber, dass Prinzessin Eugenies Rückgratverkrümmung durch die OP korrigiert werden konnte. Etwa eine von 3000 Personen leidet unter dieser seltenen Krankheit.

Die Ärzte der Prinzessin gaben an, dass die um 5 cm gesteigerte Körpergröße ein typisches Resultat des Eingriffs sei. Bei der Rückgratverkrümmung oder Skoliose, unter der Prinzessin Eugenie litt, handelt es sich um eine Verwindung der Rückenwirbel, die durch eine anormale Biegung der Wirbelsäule hervorgerufen wird.

Prinz Andrew teilte den Journalisten mit, dass die Prinzessin sich schon darauf freut, ein ganz normales, aktives Leben führen zu können, wenn sie wieder gesund ist.

A Die Ärzte der Prinzessin gaben an, dass die um 5 cm gesteigerte Körpergröße ein typisches Resultat des Eingriffs sei. Bei der Rückgratverkrümmung oder Skoliose, unter der Prinzessin Eugenie litt, handelt es sich um eine Verwindung der Rückenwirbel, die durch eine anormale Biegung der Wirbelsäule hervorgerufen wird.

B Prinz Andrew, der Sohn von Königin Elizabeth, erklärte, dass seine Tochter, Prinzessin Eugenie, bei einer Operation zur Begradigung ihres Rückgrats um 5 cm gewachsen sei.

C Prinz Andrew teilte den Journalisten mit, dass die Prinzessin sich schon darauf freut, ein ganz normales, aktives Leben führen zu können, wenn sie wieder gesund ist.

D Prinzessin nach OP größer

E Vor der siebenstündigen Operation war die Prinzessin 1,60 m groß. Einige Tage danach war sie um 5 cm gewachsen. Der Prinz zeigte sich erleichtert darüber, dass Prinzessin Eugenies Rückgratverkrümmung durch die OP korrigiert werden konnte. Etwa eine von 3000 Personen leidet unter dieser seltenen Krankheit.

(Voreilige) Interpretationen überprüfen

Problem:
Obwohl sie wissen, dass gute Leser sich nicht gleich auf eine bestimmte Deutung festlegen, lesen viele Ihrer Schüler viel zu schnell und oberflächlich, wenn sie zu Texten Stellung nehmen sollen.

Ziel:
Die Schüler überprüfen Texte, sodass sie ihre Interpretationen stichhaltig begründen können.

So geht's:
Setzen Sie einen Arbeitsbogen wie den folgenden ein, damit Ihre Schüler einen Text mehrfach überprüfen, bevor sie sich auf eine Deutung festlegen. Das Beispiel wurde von einem Fünftklässler ausgefüllt. Mithilfe solcher Arbeitsblätter können Schüler bei ihrer Textanalyse auch von anderen lernen. Die Schüler dürfen ihre Interpretationen überarbeiten, nachdem sie den Text wiederholt aufmerksam gelesen und in der Klasse diskutiert haben. Eine Kopiervorlage des Arbeitsblattes finden Sie im Anhang.

Sie können diese Aufgabe auch als Unterrichtseinheit nutzen, um Ihren Schülern zu vermitteln, wie man Aufgaben und sogar Multiple-Choice-Tests gründlich liest. Machen Sie deutlich, dass es darauf ankommt, jede Antwort mithilfe des Textes zu überprüfen und begründen zu können. Wird in einem Lesetest zum Beispiel verlangt, dass die Schüler den Begriff X in Zeile 15 eines Textes definieren, schauen sie sich Zeile 15 noch einmal genau an, bevor sie sich auf eine Antwort festlegen.

Interpretationen überprüfen und begründen

Überschrift: *„Anna rennt" von Elisabeth Zöller**

- **Was ich nach dem ersten Lesen (nach dem ersten Teil, Kapitel oder Abschnitt) dachte:**
  Durch die Geschichte habe ich gelernt, dass man sich immer für Gerechtigkeit einsetzen sollte und selbst wenn es sehr schwer scheint, den Mut haben soll, zu handeln, so wie Anna es tut.

Habe ich auch wirklich alles ganz genau verstanden?

- **Was mir klar wurde, als ich die Geschichte zu Ende gelesen hatte:**
  Anna fühlt sich am Ende erleichtert und froh, nun nicht mehr mit dem furchtbaren Geheimnis herumrennen zu müssen.

- **Was ich nach sorgfältigem, wiederholtem Lesen des Textes – insbesondere der Passagen, die mir nicht klar waren – verstanden habe:**
  Der Roman spielt im Nachkriegsdeutschland. Mir war vorher nicht klar, dass nach dem 2. Weltkrieg viele Flüchtlinge nach Deutschland kamen.

- **Was ich jetzt glaube, nachdem ich mit anderen darüber diskutiert habe, wie der Text zu verstehen ist:**
  Man sollte den Mut haben, die Wahrheit zu sagen und Zivilcourage zu zeigen, das heißt, entsprechend zu handeln!

- **Was mir immer noch nicht ganz klar ist:**
  In wen war Anna eigentlich verliebt?

* Vergleiche dazu auch die Literatur-Kartei von Reiner Düchting: „Anna rennt", Verlag an der Ruhr, 1997. ISBN 3-86072-862-8

Das Lesespiel – wer hat den Text wirklich gelesen?

Problem:

Die Schüler stöhnen, weil schon wieder Fragen zum Leseverständnis gestellt werden. Einige maulen: „Müssen wir das machen?"

Ziel:

Spielen Sie mit den Schülern ein Spiel, bei dem sie genau auf Details achten und einen Text aufmerksam analysieren müssen und bei dem es trotzdem viel zu lachen gibt.

So geht's:

Das Lesespiel ist eine unterhaltsame Alternative zu den üblichen Fragen zum Leseverständnis – ganz besonders, wenn es Montagmorgen oder Freitagmittag wieder Mal an Motivation fehlt. Drei Schüler treten als Wettbewerbskandidaten an. Zwei von ihnen haben einen kurzen Text gelesen, der Dritte hat lediglich eine Zusammenfassung des Textes gehört. Es geht darum, herauszufinden, wer den Text nicht gelesen hat. Hier sind die Spielregeln:

➡ **1.** Drei Schüler verlassen den Klassenraum mit zwei Kopien eines kurzen Textes, den sie noch nicht kennen. Der Lehrer bestimmt (ohne dass die Klasse es mitbekommt!), welche beiden Schüler die Leser sind. Der Dritte darf den Text nicht sehen, sondern bekommt eine mündliche Zusammenfassung von den beiden Lesern. Er darf Fragen stellen, die von den Lesern ehrlich beantwortet werden müssen.

➡ **2.** Der Rest der Klasse liest den kurzen Text und bereitet Fragen vor, um den „Nicht-Leser" zu entlarven. Die Schüler sollen neben inhaltlichen Fragen auch solche einbauen, bei denen der Befragte werten und schlussfolgern muss. Inhaltliche Fragen kann man mit Informationen beantworten, die direkt im Text stehen. Fragen, bei denen man schlussfolgern muss, kann man nur mit gründlicher Kenntnis von Textdetails beantworten. Zur Beantwortung bewertender Fragen muss man die Wirkung oder die Qualität des Textes beurteilen können. Geeignete Fragen zu formulieren, fällt vielen Schülern schwer – dies zu üben, hilft, die Aufmerksamkeit auf Textdetails zu lenken.

Das Lesespiel – wer hat den Text wirklich gelesen?

3. Wenn die drei Schüler als Leser 1, 2 und 3 in den Klassenraum zurückkehren, beantworten sie ehrlich und so gut wie möglich die Fragen ihrer Mitschüler.

4. Am Ende des Spiels stimmt die Klasse darüber ab, wer der „Nicht-Leser" ist.

Um die Aktivität zu beenden, lassen Sie die drei Schüler berichten, was sie bei dem Spiel gelernt haben. Mit großer Wahrscheinlichkeit sagen die Schüler, dass sie in Zukunft besser auf Textdetails achten werden.

Tipps:

- Beginnen Sie das Spiel mit drei Schülern, die gut lesen können.
- Der „Nicht-Leser" sollte in der ersten Runde nicht Leser 1 sein, weil die Klasse Leser 1 oft zuerst befragt. Der Nicht-Leser ist häufig auf Antworten der Leser angewiesen und baut darauf auf (manchmal zieht er dabei falsche Schlüsse).
- Wählen Sie immer drei ungefähr gleich starke oder schwache Leser als Spielteilnehmer aus.

Im folgenden Beispiel finden Sie Fragen, die eine kleine Gruppe für die Spieler ausgewählt hat.

Das Lesespiel – wer hat den Text wirklich gelesen?

Das Lesespiel

Zu dem Text **„Ausgenutzt"** *(siehe Seite 114)*

Für die Fragesteller:

• Fragen zum Text:
Fragen zu ganz bestimmten Formulierungen bzw. zum genauen
Wortlaut (Fakten und Informationen, die im Text stehen.)
*Welche Formulierung benutzt der Autor anstelle
von „den Grips einschalten"?*

• Fragen zur Interpretation bestimmter Textstellen
(Gegebenheiten, die im Text indirekt vermittelt
werden, also angedeutet, aber nicht
direkt ausgesprochen werden.)
Was hält das Mädchen von dem Jungen?

• Fragen zur Analyse des Textes
(Diese Fragen beziehen sich auf
Qualität und Gesamtaussage
des Textes.)
*Warum passt die
Überschrift gut?*

Für die drei Spieler:

• Was hast du durch das Spiel gelernt?

_____

• Welche Ziele willst du zukünftig beim Lesen erreichen?

_____

Literatur mit persönlichen Erfahrungen verbinden

Problem:
Einige Schüler in Ihrer Klasse drücken sich vor dem Lesen, weil sie nicht sehen, was die Texte mit ihrem eigenen Leben zu tun haben könnten.

Ziel:
Freies Schreiben und darstellerische Aktivitäten helfen den Schülern, Texte mit persönlichen Erfahrungen in Bezug zu setzen.

So geht's:
Die Beispiel-Arbeitsblätter „Mit Literatur und Texten arbeiten" auf Seite 33 und „Persönliche Stellungnahme zur Lektüre" auf Seite 35 zeigen Möglichkeiten, wie Schüler Literatur mit eigenen Erfahrungen verbinden und sich intensiv mit den im Text dargestellten Erfahrungen auseinander setzen können. Immer wieder ist zu beobachten, dass Schüler ihre besten schriftlichen Arbeitsergebnisse bei Aufgaben erzielen, in denen persönliche Erfahrungswerte mit Literatur in Verbindung gebracht werden. Auf diesem Gebiet können sie sich besonders gut ausdrücken.

Tipp:
Weitere darstellerische Unterrichtsideen finden Sie auch in Teil C im Kapitel „Vorlesen und Vortragen vor Publikum trainieren".

Literatur mit persönlichen Erfahrungen verbinden

Mit Literatur und Texten arbeiten

Lesen hilft, über das eigene Leben nachzudenken. Das ist einer der wichtigsten Gründe, warum Menschen lesen. Du kannst das, was du liest, auf unterschiedliche Weise mit deinen persönlichen Erfahrungen verbinden – zum Beispiel durch Schreiben, Zeichnen und darstellendes Spiel. Die folgenden Vorschläge zeigen dir, wie du solche Zusammenhänge systematisch erarbeiten kannst. Besprich auch weitere Möglichkeiten mit deiner Lehrerin oder deinem Lehrer.

- Schreibe über ein eigenes Erlebnis, das so ähnlich abgelaufen ist, wie das im Text beschriebene.

- Beschreibe oder zeichne einen Ort, an dem du schon einmal warst und der einem Schauplatz ähnelt, von dem du gelesen hast. Konzentriere dich auf Einzelheiten, die deutlich machen, was du an dem Ort empfunden hast.

- Stelle durch Rollenspiel einen ähnlichen Konflikt dar, wie er im Text beschrieben wird. Alternativ kannst du auch etwas über einen solchen Konflikt schreiben. Zeige oder beschreibe genau, wie deine Hauptfigur über den Konflikt denkt und fühlt.

- Skizziere oder beschreibe eine vertraute Person, die jemandem aus dem Text ähnelt. Es kann eine reale Person oder zum Beispiel eine Figur aus einem Buch oder einem Film sein. Hebe beim Schreiben oder Skizzieren Merkmale hervor, die den Charakter der Person wiedergeben.

- Schreibe für eine deiner Figuren eine Reihe von Tagebucheinträgen. Du kannst auch selbst in die Rolle der Figur schlüpfen. Beschreibe, was deine Figur über verschiedene Ereignisse denkt und was sie empfindet.

Literatur mit persönlichen Erfahrungen verbinden

🖎 Stelle einen Abschnitt aus deinem Lesetext in anderer Form dar oder schreibe ihn um. Du kannst zum Beispiel eine Geschichte zu einem Theaterstück umschreiben.

🖎 Schreibe ein weiteres Kapitel oder die Fortsetzung einer Geschichte. Du kannst zum Beispiel einen der Charaktere in einem späteren Lebensabschnitt beschreiben.

🖎 Schreibe einen Tagebucheintrag, den eine der Figuren in einer früheren Phase ihres Lebens verfasst haben könnte.

🖎 Bereite eine mündliche Interpretation des Textes als kleines Referat vor oder halte einen kurzen Vortrag über einen deiner Lieblingsautoren.

🖎 Schreibe eine Bühnenfassung für Vorleser und präsentiere sie.

🖎 Bereitet in Dreiergruppen eine Szene vor, in der ihr so tut, als würdet ihr einen Autor interviewen. Einer mimt den Autor, die anderen beiden spielen die Interviewer.

Vorschläge

1️⃣ Wenn du die Aufgabe bearbeitest, achte darauf, dass folgende Kriterien im Vordergrund stehen: die eigene Rolle als Autor, Leser/Zielpublikum, Textform, Thema und Schreibabsicht oder Textfunktion.

2️⃣ Ihr könnt jede dieser Aufgaben entweder allein oder in kleinen Gruppen bearbeiten.

3️⃣ Durch Austausch mit Mitschülern und kleine Überarbeitungen kannst du deine Arbeitsergebnisse verbessern, bevor du sie präsentierst.

Literatur mit persönlichen Erfahrungen verbinden

Persönliche Stellungnahme zur Lektüre

Titel: *„Das Austauschkind" von Christine Nöstlinger*

Nimm persönlich Stellung, indem du deine Gedanken zum Text äußerst,
ihn kritisch hinterfragst und mit deinem eigenen Leben in Zusammenhang bringst.

1. Welche Frage hast du dir beim Lesen gestellt?

Warum verhält sich Jasper, das Austauschkind, so komisch?

2. Bestimme, welche Textpassage für dich am wichtigsten ist. Warum?

*Die wichtigste Passage ist die, in der Ewald Peter Stollinka im
Supermarkt trifft und zufällig von Jaspers Familiengeschichte erfährt.
So wird klar, was mit Jasper los ist, und Familie Mittermeier hält
zum ersten Mal richtig zusammen.*

3. Was hast du durch die Lektüre gelernt?
Vervollständige die Sätze.

*Zuerst dachte ich, dass Jasper ein richtig ekliger Typ ist.
Später wurde mir klar, dass Jasper ganz nett ist, aber oft unsicher.*

4. Gibt es wiederkehrende Ereignisse?
Was will der Autor damit betonen?

*Bille streitet sich oft mit ihren Eltern. Ich glaube, Christine Nöstlinger
will zeigen, dass Kinder und Eltern sich grundsätzlich schon irgendwie
verstehen können. Aber dazu muss man miteinander reden und versuchen,
sich in den anderen hineinzudenken.*

5. Was hat dir an der Geschichte am besten gefallen,
was überhaupt nicht?

*Am besten gefiel mir, dass Jasper das ganze Familienleben total
durcheinander gebracht hat. Aber dass Jasper sich am Ende mit Bille
verloben wollte, fand ich peinlich.*

6. Hat dir das sorgfältige zweite Lesen geholfen den Text
besser zu verstehen?

*Ja, mir wurde klar, wieso Jasper sich die ganze Zeit so
merkwürdig verhält.*

Lesetagebücher führen

Problem:

Sie kennen die Untersuchungsergebnisse: Studien belegen, wie wichtig es ist, dass Schüler regelmäßig lesen. Je mehr die Schüler von sich aus lesen, desto ausgeprägter ist ihr Leseverständnis. In Ihrem Unterricht nimmt Lesen viel Platz ein, aber Sie würden den Umgang ihrer Schüler mit Lektüre gern besser strukturieren.

Ziel:

Durch das Anlegen eines Lesetagebuchs gewinnen Ihre Schüler ein strukturiertes, intensives Verhältnis zum gelesenen Text.

So geht's:

Legen Sie fest, wie viel die Schüler mindestens pro Schuljahr lesen sollen – zum Beispiel ein oder zwei Bücher im Monat. Bemühen Sie sich, auch die Unterstützung der Eltern für Ihr Leseförderprogramm zu gewinnen. Überlegen Sie sich allerdings gut, ob Sie Lesewettbewerbe mit Preisen veranstalten wollen: Viele Schulen haben festgestellt, dass das Lesen in solchen Fällen oft mit dem Wettbewerb endet. Versuchen Sie lieber, den Schülern zu vermitteln, dass der Lohn für das Lesen im Lesen selbst liegt, es kann eine der intensivsten und besten Formen von Unterhaltung sein. Selbstverständlich müssen Sie in regelmäßigen Abständen überprüfen, ob das gewünschte Lesepensum auch absolviert wird: Nutzen Sie den positiven Effekt von Buchbesprechungen, um für das Lesen zu werben und die Leistungen Ihrer Schüler zu dokumentieren.

Lassen Sie Schüler als Alternative zur schriftlichen Buchvorstellung auch einmal mündlich über die Bücher berichten, die sie gelesen haben. Sie werden feststellen, dass viele unwillige Leser eher eine Buchempfehlung von einem Gleichaltrigen annehmen.

Lesetagebücher führen

Lesen

In einem Lesetagebuch listen die Schüler Bücher auf, die sie gelesen haben. Sie kommentieren jedes Werk (Leseabschnitt für Leseabschnitt) oder nehmen in anderer Form Stellung dazu. So ein Tagebuch lässt sich zum Beispiel folgendermaßen gliedern:

LESETAGEBUCH

Name: _____ *Klasse:* _____

Titel: _____

zu Ende gelesen am: _____

gelesene Seiten:	*Kommentar:*
_____	_____
_____	_____
_____	_____

Am besten vereinbaren Sie mit Ihren Schülern über das Schuljahr verteilt Termine für kurze Besprechungen der Lesetagebücher. Ermuntern Sie die Schüler, sich bei Buchbesprechungen und allgemeinen Diskussionen unbedingt mit Klassenkameraden über ihre Ansichten zu den Büchern auszutauschen.
Hier ein paar Beispiele für Fragen, anhand derer Schüler ganz individuell zu den gelesenen Büchern Stellung nehmen können:

- ➡ **Würdest du gern ein weiteres Buch von diesem Autor lesen? Warum?**
- ➡ **Welcher Textabschnitt gefiel dir am besten?**
- ➡ **Was hat dich beim Lesen am meisten überrascht?**
- ➡ **Was hast du durch das Buch besser verstanden?**
- ➡ **Worüber ließ dich dein Buch nachdenken?**
- ➡ **Welche anderen Texte (oder auch Filme) sind ähnlich wie dieser? Inwiefern?**
- ➡ **Was hättest du als Autor anders gemacht?**
- ➡ **Woran erinnert dich das Buch?**
- ➡ **Welche Fragen hast du zu deinem Roman?**

Vorschläge für die Arbeit mit freier Lektüre

Problem:

Einige Schüler in Ihrer Klasse nehmen gern in mündlicher, bildhafter oder darstellender Form zu Texten Stellung, die sie gelesen haben. Andere verarbeiten ihre Leseerfahrungen lieber schriftlich. Sie möchten allen Schülern Feedback-Optionen anbieten, die auf ihre Vorlieben Rücksicht nehmen.

Ziel:

Eine vielfältige Auswahl von Feedback-Optionen für die Arbeit mit freier Lektüre ermöglicht den Schülern, ihre individuellen Fähigkeiten und Stärken einzusetzen.

So geht's:

Die „Aufgaben zur Arbeit mit freier Lektüre" (S. 39/40) bieten Schülern verschiedene Möglichkeiten, zu ihrer Lektüre Stellung zu nehmen. Die Liste lässt sich natürlich beliebig fortsetzen. Am besten sammeln die Schüler ihr Feedback in einem Hefter oder Portfolio. Nutzen Sie auch die Möglichkeit, Musterbeispiele für besonders gute Schülerarbeiten zu zeigen – befolgen Sie dabei das auf Seite 58/59 beschriebene Prozedere, wenn Sie entsprechende Schülerarbeiten einholen. Anhand von Musterbeispielen können Sie Ihren Schülern vermitteln, in welcher Qualität Sie Arbeitsergebnisse von ihnen erwarten.

Feedback

Tipp:

Eine Schritt-für-Schritt-Anleitung für den Einsatz von Portfolios finden Sie in: *Shirley-Dale Easley, Kay Mitchell, „Arbeiten mit Portfolios. Schüler fordern, fördern und fair beurteilen", Verlag an der Ruhr 2004. ISBN 3-86072-869-5*

Aufgaben zur Arbeit mit freier Lektüre

1 **Gestalte ein eigenes Titelbild zu deinem Buch.**
Tipp: Schau dir erst ein paar verschiedene Buchtitel an, bevor du deinen eigenen entwirfst. Denke daran, dass du deinen Mitschülern erläutern musst, warum dein Titelbild zum Buchinhalt passt.

2 **Stelle in einem Schuhkarton eine Sammlung von Gegenständen zusammen, die in deinem Buch eine wichtige Rolle spielen.**
Tipp: Ist ein wichtiger Gegenstand zu groß, kannst du auch ein Foto (z.B. aus einer Zeitschrift) des Gegenstandes in den Karton legen. Lass deine Klassenkameraden anhand deiner Sammlung raten, welches Buch du gelesen hast.

3 **Denk dir eine Schlagzeile aus und verfasse einen Zeitungsartikel über einen bedeutenden Vorfall in deinem Roman.**
Tipp: Sieh dir erst ein paar Zeitungsartikel als Beispiele an, bevor du zu schreiben beginnst.

4 **Bereite ein Talkshow-Interview zu deinem Buch vor und präsentiere es der Klasse.**
Tipp: Arbeite mit einem Mitschüler zusammen, der das Buch auch gelesen hat. Einer von euch mimt den Interviewer, der andere spielt den Autor oder einen der Charaktere. Ihr könnt das Interview auch auf Video aufgezeichnet präsentieren.

5 **Schreibe einen Tagebucheintrag für deine Romanfigur.**
Tipp: Frage in der Bibliothek nach einem veröffentlichten Tagebuch oder einem Buch, das in Tagebuchform geschrieben wurde, damit du eine Vorlage hast.

6 **Schreibe einen Monolog (ein Selbstgespräch), der deutlich macht, welcher Konflikt einen der Charaktere bewegt.**
Tipp: Achte darauf, dass deine Figur sich klar ausdrückt. Die Sprache muss zu ihr passen und es muss deutlich werden, wie schwer ihr die Entscheidung fällt.

7 **Entwirf ein Spiel oder ein Kreuzworträtsel zu deinem Buch.**
Tipp: Benutze ein echtes Spiel oder Kreuzworträtsel als Vorlage.

Vorschläge für die Arbeit mit freier Lektüre

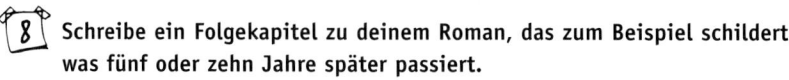

8 Schreibe ein Folgekapitel zu deinem Roman, das zum Beispiel schildert, was fünf oder zehn Jahre später passiert.
Tipp: Vermute, was sich in Zukunft für bestimmte Charaktere ändern wird.

9 Schreibe einen Brief an den Autor.
Tipp: Nimm in deinem Brief Stellung zu einem Lieblingskapitel, schildere deine Reaktion auf bestimmte Ereignisse im Roman oder kommentiere die Aussagen des Autors und den Ausgang der Geschichte. Du kannst ihm auch Fragen zum Text stellen. (Du musst den Brief aber nicht abschicken, wenn du nicht möchtest.)

10 Schreibe ein Gedicht über einen der Charaktere oder ein Ereignis in deinem Roman.
Tipp: Bringe beim Schreiben sowohl deine Gedanken als auch deine Gefühle zum Ausdruck. Sieh den Text noch einmal durch und prüfe sorgfältig deine Wortwahl und ob deine Metaphern und Bilder auch wirklich passen.

11 Entwirf ein Filmplakat für deinen Roman.
Tipp: Überlege dir, welche Schauspieler die Romanfiguren spielen sollen.

12 Erstelle eine Karte, auf der du alle Orte des Geschehens verzeichnest, oder fertige eine Zeitleiste zu deinem Roman an.
Tipp: Suche dir als Vorlage Bücher mit Übersichtskarten oder Zeitleisten. Vor allem in Fantasy-Büchern gibt es oft solche Karten.

13 Verfasse einen Nachruf (eine Todesanzeige mit persönlichem Text) für einen der Charaktere aus deinem Roman.
Tipp: Lies dir Nachrufe/Todesanzeigen in der Zeitung durch und achte darauf, welche typischen Formulierungen darin vorkommen.

14 Setze einen Konflikt aus deinem Roman als Theaterszene um.
Tipp: Denke daran, dass es sowohl externe Konflikte gibt (bei denen eine Figur gegen eine Kraft von außen kämpft), als auch innere (bei denen eine Figur gegen ihre eigenen Ängste oder Zweifel ankämpft). In Jack Londons Erzählung „Das Feuer im Schnee" kämpft der Hauptdarsteller zum Beispiel gegen die eisige Kälte (externer Konflikt), aber auch gegen seine Panik an (interner Konflikt). Du kannst deine Spielszene auch als Video präsentieren.

Buchempfehlungen schreiben

Problem:
Sie möchten Ihre Klasse zu regelmäßigem Lesen bewegen. Die Schüler sollen sich durch positive Leseerfahrungen möglichst gegenseitig motivieren.

Ziel:
Schüler gelangen durch die Auseinandersetzung mit den Leseerfahrungen und Buchempfehlungen anderer zu einem besseren Textverständnis.

So geht's:
Legen Sie einen Ordner an, in dem die Schüler Bücher kommentieren und bewerten, die sie gelesen haben. Eine Kopiervorlage für Buchempfehlungen finden Sie im Anhang. Stellen Sie im Ordner ausreichend Kopien zur Verfügung. Der erste Leser eines bestimmten Buches schreibt Titel und Autor auf die erste Seite im Ordner und fügt einen schriftlichen Kommentar ein. (Der Kommentar darf auch auf ein Extrablatt geschrieben und eingeheftet werden.) Im Verlauf des Schuljahres bereichern weitere Leser die Sammlung durch ihre Beiträge. Sie dürfen sich darin gerne auf die Kommentare ihrer Vorgänger beziehen. Jeder muss seinen Kommentar mit Datum und Unterschrift versehen. Das folgende Arbeitsblatt zeigt drei Kommentare, die Schüler einer siebten Klasse geschrieben haben.

Mit Literatur und Texten arbeiten

Motivation im Deutsch- unterricht

Buchempfehlungen schreiben

Buchempfehlung

Titel: *Das Tagebuch der Anne Frank*   **Autorin:** *Anne Frank*

Wenn du das Buch zu Ende gelesen hast, beschreibe deinen persönlichen Eindruck auf dieser Seite. Du darfst auch gern zu den Kommentaren deiner Mitschüler Stellung nehmen. Schreibe zum Beispiel, was dir besonders gut oder schlecht gefallen hat und warum, was deiner Meinung nach hätte passieren sollen, was du über die Charaktere denkst, woran dich das Buch erinnert hat, welche Gefühle es in dir ausgelöst hat und welche Fragen du zu dem Buch hast. Vergiss nicht, deinen Beitrag mit Datum und Unterschrift zu versehen!

1. Beitrag: *Ich fand die Geschichte interessant und auch bewegend. Etwas jüngere Schüler würden sie vielleicht abschreckend finden. Für mich ist es die wahrheitsgetreue Darstellung der Gedanken und Gefühle eines Teenagers. Es hat mich sehr berührt, von den harten Lebensbedingungen während des Zweiten Weltkrieges zu lesen. Das Buch handelt auch von großer Tapferkeit. Meine Meinung über die Hauptperson verändert sich parallel zu ihrer Entwicklung in den ungefähr zwei Jahren, die sie in dem geheimen Hinterhaus verbringt. Zuerst war Anne ein unreifer, leichtsinniger Teenager. Doch schon bald wurde sie ernst und dachte über ihr Leben nach. Die meisten Charaktere werden sehr viel reifer. Ich finde es sehr traurig, dass viele der versteckten Hinterhausbewohner nur ein sehr kurzes Leben hatten. (Rachel, 25. März 2004)*

2. Beitrag: *Das Tagebuch gibt in hervorragender Weise den Kampf einer jüdischen Familie ums Überleben während des Zweiten Weltkrieges und die Gefühle einer Person wieder, die mittendrin steckte. Es war sehr bewegend, an einigen Stellen ging es aber auch langsam voran und vieles wiederholte sich. Alle Charaktere machten dramatische Veränderungen durch, die ihnen dabei halfen, mit der Situation fertig zu werden. Ich stimme Rachel zu: Es ist die wahrheitsgetreue Darstellung der Gedanken und Gefühle eines Teenagers, der den Zweiten Weltkrieg erlebt und große Tapferkeit beweist. Trotzdem verläuft die Geschichte streckenweise langsam und wiederholt eine Menge unwichtiger Informationen, was manchmal sehr langweilig ist. Alles in allem hat mich die Geschichte berührt und mir geholfen, die Not der Menschen im Krieg besser zu verstehen. (Julia, 4. April 2004)*

Muss man fremde Begriffe immer nachschlagen?

Problem:
Viele Schüler haben keine Lust, erst jede Menge Wörter nachzuschlagen, bevor sie einen Text lesen. Wenn Sie sie dazu auffordern, kommt wieder das alte Gejammer: „Müssen wir das machen?"

Ziel:
Mit den Methoden Wortbilder und Wort-Cluster sind Schüler leichter zu motivieren, neue Begriffe zu lernen.

So geht's:
Wortbilder und Wort-Cluster können das eintönige Nachschlagen von Begriffen im Wörterbuch ersetzen. Mit Wortbildern wird vor dem Lesen gearbeitet: Die Schüler vermuten oder erraten die Bedeutung ihnen unbekannter Begriffe. Präsentieren Sie ihnen in fantasievoller Weise eine Reihe von Schlüsselbegriffen aus einem Text oder Textabschnitt. Schreiben Sie einige Begriffe mit verzerrten Buchstaben oder in verschiedenen Farben auf, um ihre Bedeutung hervorzuheben. Einige der ausgewählten Wörter werden die Schüler schon kennen, aber sie haben vielleicht im gegebenen Kontext eine andere Bedeutung. Viele Schüler verstehen „Arbeit" beispielsweise eher als Mühe oder Anstrengung, nicht aber als Ziel oder Resultat einer Anstrengung. Nachdem sie den Text gelesen haben, überprüfen die Schüler ihre Vermutungen und schreiben auf, welche andere(n) Bedeutung(en) des Begriffes sie kennen gelernt haben. Wenn Schüler einzelne Begriffe nicht kennen, sollen sie gut überlegen und sinnvolle Vermutungen über ihre Bedeutung anstellen. Sie können die Schüler alternativ auch eigene Wortbild-Aufgaben gestalten lassen. Die Wortbilder auf Seite 44 wurden für Erich Kästners „Emil und die Detektive" vorbereitet.
Bei Wort-Clustern wird berücksichtigt, dass Schüler neue Begriffe am besten lernen, wenn sie dabei ihre Vorkenntnisse über ein Thema aktivieren und erweitern können. Die Übersicht auf S. 45 verdeutlicht: Neue Worte lernen, hat viel damit zu tun, dass man sich konkrete Beispiele oder Situationen etc. vor Augen ruft, auf die ein Begriff zutrifft, und dass man den Begriff z.B. durch sein genaues Gegenteil klar definieren kann.

Muss man fremde Begriffe immer nachschlagen?

Wortbilder

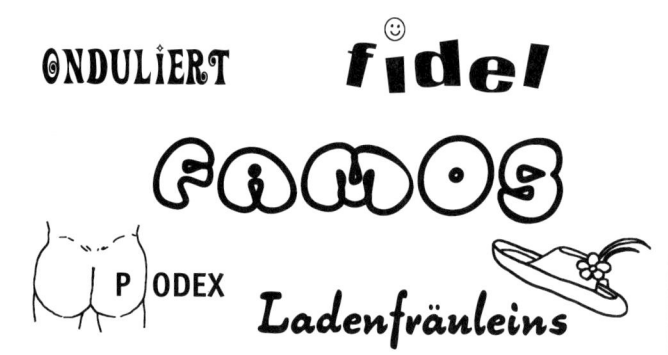

ONDULIERT   fidel

FAMOS

P\ODEX   Ladenfräuleins

Meine Vermutungen über die Bedeutung der Begriffe:

onduliert: ?

Podex: *Stufe oder Kasten, z.B. für einen Redner, der höher*
stehen soll, damit ihn alle sehen. (Anm.: der Schüler hat Podex
mit Podest verwechselt.)

fidel: *gesund*

famos: *berühmt (Anm.: der Schüler hat wahrscheinlich an den*
engl. Begriff „famous" gedacht.)

Ladenfräuleins: *Frauen?*

So verstehe ich die Begriffe im Kontext:

onduliert (S. 19): *Haare wurden früher beim Friseur „onduliert",*
d.h. mit der Brennschere gelockt.

Podex (S. 15): *damit ist der Hintern gemeint, kurz: Po.*

fidel (S. 26): *lustig, fröhlich.*

famos (S. 94): *toll, großartig.*

Ladenfräuleins (S. 19): *Verkäuferinnen*

Muss man fremde Begriffe immer nachschlagen?

Wort-Cluster

typische Situationen/Beispiele
- *das eine sagen, das andere tun*
- *so tun als ob*
- *einen Freund täuschen*

**Synonyme (gleich-
bedeutende Begriffe)**
- *Scheinheiliger*
- *Lügner*
- *jemand, der sich verstellt,
  einschmeichelt, etwas
  vortäuscht*

Begriff:
Heuchelei

Gegenteil
- *Ehrlichkeit*
- *Echtheit*

konkrete Beispiele (hier: Personen)
Heuchler:
- *Saruman in „Der Herr der Ringe"*
- *Onkel Einar in „Kalle Blomquist"*
- *der Mann mit dem steifen Hut
  im Zug in „Emil und die Detektive"*

Mit Schaubildern Charakter-eigenschaften beschreiben

Problem:
Wenn sie sich mit Literatur auseinander setzen, beschreiben Schüler Charakter-züge häufig ungenau mit Worten wie „gut", „doof", „böse" oder „komisch", und selten mit treffenderen Adjektiven.

Ziel:
Die Schüler bekommen mittels einfacher Grafiken einen Anreiz und üben, Charakterzüge präziser zu beschreiben.

So geht's:
Der Einsatz von Darstellungen hilft, Charakterstudien interessanter und anschau-licher zu gestalten. Das Ganze lässt sich leicht in ein Lernspiel umwandeln.

➡ **1. Schritt:** Erklären Sie den Schülern, dass Grafiken im Allgemeinen dazu dienen, Sachverhalte einfach und übersichtlich darzustellen. So lassen sich zum Bei-spiel die Kosten für eine Klassenfahrt in einem Tortendiagramm anschaulich wiedergeben:

➡ **2. Schritt:** Stellen Sie den Schülern die Charakter-Schaubilder anhand eines Beispiel-Tortendiagramms vor. Fügen Sie in das Charakter-Schaubild neben den typischen Charakterzügen immer auch einen Hinweis auf die Person ein. Mit vier Charakterzügen lässt sich eine Person schon recht eindeutig von einer anderen unterscheiden, aber letztlich entscheiden die Schüler, wie viele „Tortenstücke" es geben soll.

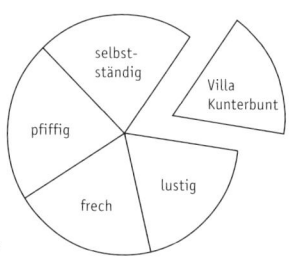

➡ **3. Schritt:** Die Schüler folgern anhand der Charakterzüge im Schaubild, welche Figur gemeint ist. Im abgebildeten Beispiel handelt es sich um Pippi Langstrumpf.

Wichtige Grundlagen für die Analyse von Gedichten

Problem:

Gedichtbände mit unzähligen Seiten voller literarischer Fachbegriffe und Interpretationsvorschläge schrecken Sie und Ihre Schüler ab. Aber ganz ohne fachliche Grundlagen lässt sich ein Gedicht nicht interpretieren.

Ziel:

Ihre Schüler erlernen eine gezielte und überschaubare Auswahl nützlicher Grundlagen zur Interpretation von Gedichten.

So geht's:

Auch hier gilt, dass Begriffe nur dann eingeführt werden sollten, wenn sie sich auch konkret auf die Gedichte beziehen, die Ihre Schüler lesen. Das Schaubild auf Seite 48 beschränkt sich auf die absolut wesentlichen Grundlagen. Die Textanalyse sollte stets an die Aussage des Textes anknüpfen. Versprechen Sie den Schülern, dass Sie keine Aufgaben stellen werden, die nichts mit der Bedeutung des Textes zu tun haben – wie zum Beispiel: „Unterstreiche drei Metaphern". Erklären Sie ihnen auch, dass Aussage und Thema nicht dasselbe sind.

Gedichte drücken Gedanken aus, aber sie transportieren auch Gefühle oder Erfahrungen. Daher sollte man bei der Gedichtanalyse sowohl über Emotionen als auch über Inhalte sprechen.

Gedichte

Wichtige Grundlagen für die Analyse von Gedichten

Aussage und Aufbau von Gedichten

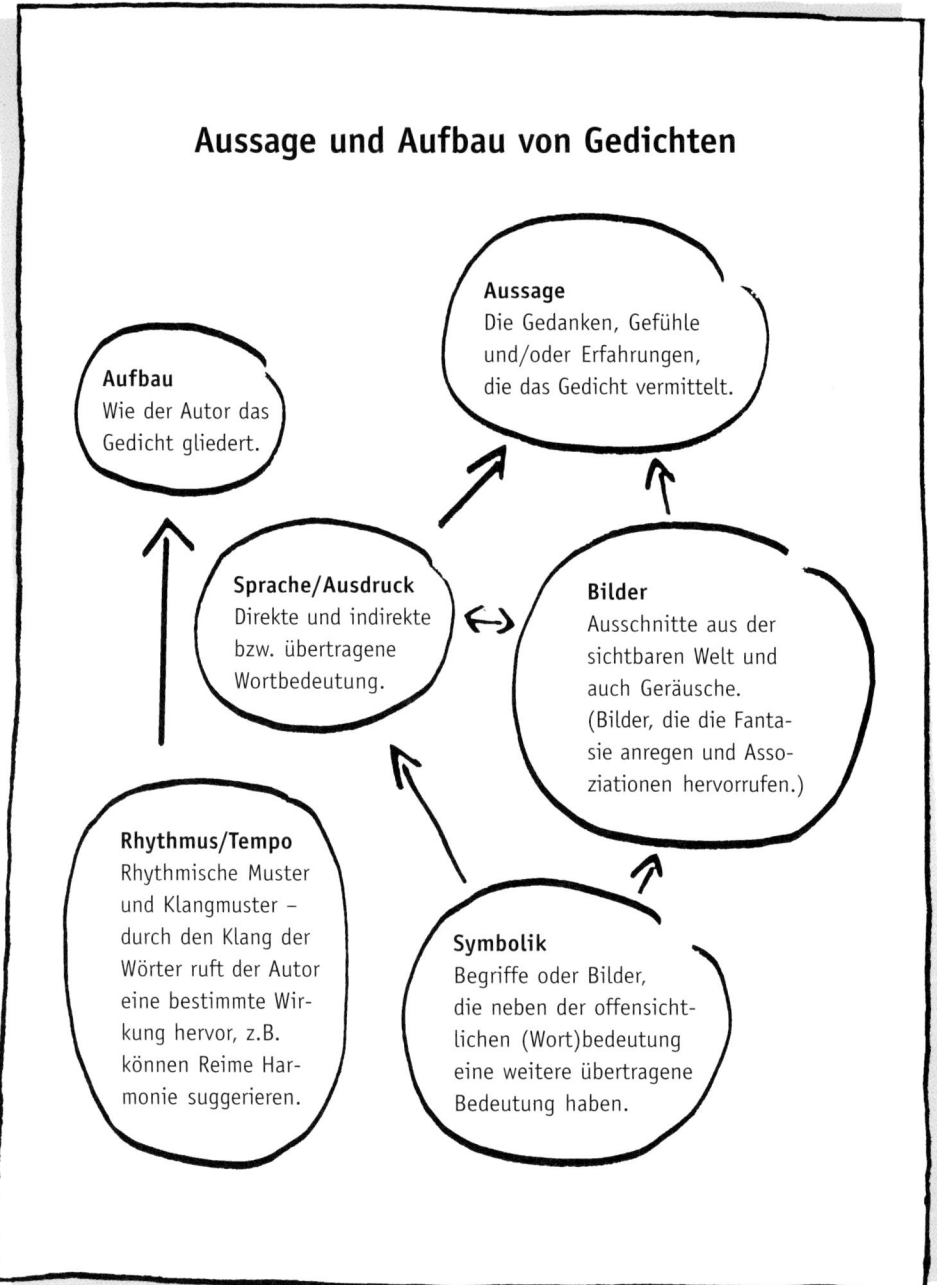

Aussage
Die Gedanken, Gefühle und/oder Erfahrungen, die das Gedicht vermittelt.

Aufbau
Wie der Autor das Gedicht gliedert.

Sprache/Ausdruck
Direkte und indirekte bzw. übertragene Wortbedeutung.

Bilder
Ausschnitte aus der sichtbaren Welt und auch Geräusche. (Bilder, die die Fantasie anregen und Assoziationen hervorrufen.)

Rhythmus/Tempo
Rhythmische Muster und Klangmuster – durch den Klang der Wörter ruft der Autor eine bestimmte Wirkung hervor, z.B. können Reime Harmonie suggerieren.

Symbolik
Begriffe oder Bilder, die neben der offensichtlichen (Wort)bedeutung eine weitere übertragene Bedeutung haben.

Ein Glossar literarischer Fachbegriffe anlegen

Problem:

Sie möchten Ihren Schülern literarische Fachbegriffe Schritt für Schritt im Zusammenhang mit den Texten beibringen, die sie gerade lesen. Sie suchen nach einer Methode, diese literarischen Fachbegriffe sinnvoll zu gliedern.

Ziel:

Sie erleichtern Ihren Schülern das Erlernen literarischer Fachbegriffe durch das eigenständige Erarbeiten eines Glossars parallel zur Arbeit mit den Texten.

So geht's:

Ihre Schüler benötigen Ringbuchpapier und Schnellhefter. Sie heften ein leeres Blatt für jeden Buchstaben des Alphabets ein. Jedes Mal, wenn die Schüler im Unterricht einen literarischen Fachbegriff kennen lernen, notieren sie die Definition des Begriffs unter dem entsprechenden Anfangsbuchstaben. So entsteht ein Glossar. Sie sollten den Begriff so präzise wie möglich definieren und möglichst durch ein paar Beispiele ergänzen. Den Begriff „Konflikt" könnten die Schüler zum Beispiel als einen Kampf zweier entgegengesetzter Kräfte definieren, bei dem es sich um Menschen, Naturgewalten oder Gedanken handeln kann.

Das Glossar ist sowohl ein praktisches Nachschlagewerk als auch eine gute Lerngrundlage. Die Schüler dürfen jederzeit Beispiele ergänzen und ihre Definitionen der literarischen Fachbegriffe im Verlauf des Schuljahres überarbeiten und präzisieren.
Es lohnt sich, die einzelnen Einträge in den Computer einzugeben, auszudrucken und in einen entsprechenden Umschlag zu heften – so hat man ein ordentliches und jederzeit leicht zu überarbeitendes Handbuch „literarische Fachbegriffe".

Mehr Spaß an Gedichten

Problem:

Ihre Schüler stöhnen schon, wenn sie nur hören, dass Gedichte behandelt werden sollen. Sie möchten Ihre Schüler gerne von ihren Vorurteilen gegen Gedichte befreien.

Ziel:

Durch mehr Mitspracherecht bei der Auswahl der Gedichte lesen Schüler Gedichte sorgfältiger und mit mehr Freude.

So geht's:

➡ **Vorschlag 1:** Akzeptieren Sie die Tatsache, dass Schüler in Sachen Lyrik vielleicht einen anderen Geschmack haben, als Sie – die meisten Menschen finden jedoch Gefallen an Lyrik. Arbeiten Sie sowohl mit Gedichtsammlungen als auch mit ausgewählten Einzeltexten. Lassen Sie jeden Schüler aus einer Auswahl ein Lieblingsgedicht aussuchen. Machen Sie einen Terminplan für die Klasse, damit jeder Schüler sein Lieblingsgedicht vorstellen kann. (Richtlinien für Lese-Vorträge finden Sie auf Seite 125/126.) Im Anschluss an ihren Vortrag begründen die Schüler kurz ihre Wahl und geben den Mitschülern Gelegenheit, Fragen zu stellen oder kurze Kommentare abzugeben.

➡ **Vorschlag 2:** Wenn sie Gedichte lesen, sollen die Schüler auf eingängige sprachliche Bilder und kunstvolle Formulierungen achten und diese farbig unterstreichen oder herausschreiben. So motivieren Sie Schüler zu aufmerksamem Lesen und können ihnen einfühlsam vermitteln, dass gute Dichter mit außergewöhnlichen Metaphern und einzigartiger Sprache arbeiten, um ihre Aussage zu vermitteln.

➡ **Vorschlag 3:** Die Schüler dürfen ihre eigene Gedichtsammlung zusammenstellen: Sie wählen eine vorgegebene Anzahl an Lieblingsgedichten aus und beschreiben kurz, warum sie gerade diese ausgewählt haben.

➡ **Vorschlag 4:** Die Schüler können sich auch gestalterisch mit Gedichten auseinander setzen. Sie fertigen Illustrationen zu einem Gedicht an und erläutern bei der anschließenden Präsentation, inwieweit ihre Illustrationen wichtige Textelemente wiedergeben.

Ein Lese-Förderprogramm aufbauen

Problem:
Sie und Ihre Kollegen machen sich Sorgen um das Pensum und die Qualität dessen, was Ihre Schüler in der Schule lesen. Sie wünschen sich, dass mehr Schüler sagen: „Ich lese gern!"

Ziel:
Mit Kollegen zusammen können Sie an Ihrer Schule ein Lese-Förderprogramm aufbauen und das regelmäßige Lesen Ihrer Schüler fördern.

So geht's:
Sie und Ihre Kollegen wollen regelmäßiges und gründliches Lesen an Ihrer Schule fördern. Dabei kann Ihnen die folgende Checkliste eine Hilfe sein. Die hier genannten Kriterien sind sämtlich Voraussetzungen, um das Lese-pensum der Schüler an Ihrer Schule zu steigern.

Tipp:
Viele hilfreiche und aktuelle Informationen und Aktionen finden Sie auch bei der Initiative von *Die Zeit* und *Stiftung Lesen*: **www.wir-lesen-vor.de**

Ein Lese-Förderprogramm aufbauen

Checkliste für die Vorbereitung eines Leseprogramms an der Schule

1 Meine Schüler haben sowohl im Klassenraum als auch in der Schulbücherei Zugang zu einer breit gefächerten Sammlung interessanter Bücher, darunter auch Hörbücher.

2 Meinen Schülern wird regelmäßig vorgelesen.

3 Meine Schüler haben Gelegenheit, sich über ihre Lieblingsbücher auszutauschen und Buchempfehlungen von Erwachsenen und Mitschülern zu bekommen.

4 Meine Schüler lesen während der Unterrichtszeit Bücher, die sie selbst ausgewählt haben.

5 Meine Schüler dürfen sich selbst Bücher zur freien Lektüre aussuchen.

6 Meine Schüler lesen mindestens einen Roman oder ein Buch im Monat.

7 Meine Schüler setzen sich auf vielfältige Art und Weise, zum Beispiel mit Hilfe von Lesetagebüchern, mit Texten auseinander.

8 Meine Schüler erarbeiten zu mindestens einem der Bücher eine ausführliche Buchpräsentation ODER schreiben mehrere kurze Buchempfehlungen zu selbst ausgewählter Lektüre.

9 Meine Schüler interpretieren selbständig Passagen aus Büchern und tauschen sich in kleinen Gruppen über ihr Verständnis der Texte aus.

10 Meinen Schülern wird deutlich (gemacht), wie sehr gemeinsame Diskussionen ihnen beim Verständnis eines Buches helfen können.

11 Meine Schüler kennen unterschiedliche Lesestrategien. Sie stellen sich die Geschichte bildlich vor, hinterfragen und überprüfen Textpassagen, wenn etwas keinen Sinn für sie ergibt.

Was tun, wenn Eltern die Textauswahl beanstanden?

Problem:

Sie wollen mit Ihren Schülern einen Roman von Benjamin Lebert durchnehmen. Die Mutter einer Schülerin ruft Sie an, beschwert sich über Ihre Textauswahl und besteht darauf, dass Sie diesen Text nicht behandeln. Sie ärgern sich über den Anruf, weil der Roman von Lebert Ihrer Meinung nach gut geeignet ist.

Ziel:

Nutzen Sie entsprechende Hilfen, um Eltern und Schülern zu vermitteln, nach welchem Verfahren Texte ausgewählt werden.

So geht's:

Es ist generell immer sinnvoll, neue Lektüren vor dem Einsetzen im Unterricht auch mit Kollegen zu besprechen, denn deren Erfahrungen sind in der Regel eine große Hilfe. Haben Sie die Lektüre mit Kollegen bereits diskutiert, stehen Ihnen gute Argumente für ein Gespräch mit unzufriedenen Eltern zur Verfügung.

Bei einem solchen Gespräch sollten Sie auf jeden Fall als Erstes herauszufinden versuchen, welche Einwände die Eltern gegen Ihre Textauswahl haben. Oft ist es ganz leicht möglich, die Sorge der Eltern durch ein Gespräch aus dem Weg zu räumen und mögliche Missverständnisse zu klären.

Da solche Angelegenheiten aber durchaus auch unangenehm werden können, empfiehlt sich eine Anfrage, wie Ihr Schulbezirk mit Beschwerden über Unterrichtsmaterialien umgeht. Am besten informieren Sie dann auch die Beschwerde führenden Eltern über ihre Rechte bzw. darüber, inwieweit sie Einfluss auf Ihre Auswahl von Unterrichtsinhalten nehmen können.

Bedenken Sie: Wenn Sie Lernmittel einsetzen, die von Ihrem Schulbezirk oder der entsprechenden Erziehungsbehörde – wie zum Beispiel dem Kultusministerium – vorgeschrieben werden, können Sie die Beschwerde an die nächsthöheren Weisungsbefugten weiterleiten. Arbeiten Sie jedoch mit Lernmitteln, die nicht von offizieller Seite genehmigt wurden, können diese angefochten werden. Daher sollten Sie jederzeit in der Lage sein, nachvollziehbare Gründe für Ihre Textauswahl anzuführen. Wenn Sie ganz sichergehen wollen, sollten Sie für das Kind der Beschwerde führenden Eltern einen Alternativtext bereithalten.

Teil B:

Schreiben

Übersicht Teil B: Schreiben

Die in Teil B vorgestellten Aktivitäten verfolgen den pädagogischen Ansatz, Schülern Schreibkompetenzen zusammen mit dem dafür nötigen Selbstvertrauen zu vermitteln.

Mit Bewertungsrastern und Musterbeispielen arbeiten

Die Aktivitäten befassen sich mit dem sinnvollen Einsatz von Bewertungsrastern und Musterbeispielen – eine zeitgemäße Methode zur Bewertung schriftlicher Leistungen.

- Bewertungskriterien erarbeiten/Bewertungsraster erstellen (S. 58 – 62)
- Musterbeispiele gezielt einsetzen (S. 63 – 67)
- Bewertungsverfahren etablieren (S. 68/69)
- Das „Texte total daneben"-Spiel (S. 70/71)

Texte überarbeiten und umschreiben

Die hier vorgestellten Aktivitäten motivieren Schüler, schriftliche Aufgaben und eigene Texte kritisch zu prüfen und sorgfältig zu überarbeiten.

- Texte gezielt überarbeiten (S. 72/73)
- Individuelle Fehler konsequent verbessern (S. 74)
- Treffende Formulierungen benutzen (S. 75/76)
- Nicht beschreiben, sondern anschaulich machen (S. 77/78)

Grundlegende Schreibfertigkeiten einüben

Hier geht es darum, technische Aspekte des Schreibens wie Wortwahl, das Verfassen von Gedichten, Rechtschreibung, Grammatik und Textgliederung zu vermitteln und erfolgreich umzusetzen.

- Herausforderung zur Wortwahl (S. 79/80)
- Charaktere entwickeln (S. 81/82)
- Gedichte lesen, um Gedichte zu schreiben (S. 83)
- Rechtschreibmonster bekämpfen und besiegen (S. 84)
- Grammatik- und Ausdrucksfehler verbessern (S. 85)
- Texte strukturieren – Titel, Einleitung, Schluss und Absätze (S. 86 – 88)

Übersicht Teil B: Schreiben

Sachtexte schreiben

In der Regel schreiben Schüler lieber frei erzählende Texte als Sachtexte.
Sie sind sehr unsicher im Umgang mit normativen Texten. Die hier vorgestellten
Strategien und Aktivitäten vermitteln Schülern Fachkenntnisse und Vertrauen
in die eigenen Voraussetzungen für das Verfassen von Sachtexten.

- **Sachtexte verfassen: Jeder ist ein Experte** (S. 89–91)
- **Zielgerichtete Internetrecherche** (S. 92/93)
- **Schwungvolle Einleitungen schreiben** (S. 94/95)

Gut geplant ist halb geschrieben

Diese Aktivitäten zielen darauf ab, dass Schüler sich selbst als Autoren verstehen
und erkennen, welche Strategien und Techniken bei ihnen am besten greifen.

- **Methoden eigenverantwortlich auswählen** (S. 96/97)
- **Fremde Texte lesen, um selbst Texte zu schreiben** (S. 98–100)
- **Sich selbst als Autor wahrnehmen** (S. 101–104)
- **Lernverträge für differenzierten Unterricht** (S. 105/106)

Ausdrucksmöglichkeiten finden

Der schriftliche Ausdruck ist das Kriterium, das letztlich eine sehr gute von einer
guten schriftlichen Leistung unterscheidet. Diese Aktivitäten helfen Schülern,
ihren Ausdruck kritisch zu untersuchen und systematisch zu verbessern.

- **Rahmenbedingungen und Ausdrucksmöglichkeiten** (S. 107–111)
- **Leben und Ausdruck in schriftliche Arbeiten bringen** (S. 112–117)

Bewertungskriterien erarbeiten/ Bewertungsraster erstellen

Problem:
Ihre Schüler haben Schwierigkeiten mit schriftlichen Aufgaben.
Ihnen ist nicht klar, was genau von ihnen erwartet wird.

Ziel:
Schüler machen sich durch das eigenständige Erarbeiten von Bewertungskriterien intensiv Gedanken darüber, was in einer schriftlichen Aufgabe verlangt wird, und verstehen, worauf sie beim Bearbeiten der Aufgaben achten müssen.

So geht's:

➡ **Vorschlag 1:** Entwerfen Sie mit den Schülern einfache Bewertungsraster für ihre schriftlichen Aufgaben. Vier Punkte reichen aus, um das Leistungsniveau zu beurteilen: schwach, mittelmäßig, gut, sehr gut. Beginnen Sie mit den wichtigsten Aspekten, die bewertet werden sollen. Ein Bewertungsraster für normatives Schreiben sollte zum Beispiel Inhalt, Textaufbau, Satzbau, Wortschatz und Regeln umfassen (siehe S. 60–62). Machen Sie Ihren Schülern deutlich, dass es häufig schwierig ist, Qualitätsabstufungen innerhalb dieser Kategorien präzise festzulegen.

➡ **Vorschlag 2:** Alternativ können die Schüler auch ein Bewertungsraster als Vorlage nehmen, das aus dem Internet oder aus einer anderen Quelle stammt. Im Sinne der Aufgabenstellung dürfen die Schüler Kriterien streichen, ergänzen oder umformulieren, bis das Bewertungsraster so gut wie möglich auf ihre spezielle Aufgabe zugeschnitten ist.

➡ **Vorschlag 3:** Ein weiterer Erfolg versprechender Ansatz ist der, Musterbeispiele als Bewertungsgrundlage zu nutzen. Zeigen Sie der Klasse zu den jeweils gestellten Aufgaben entsprechende Schülerarbeiten. Das Musterbeispiel muss nicht immer ein Text sein – je nach Aufgabenstellung kann es auch ein Poster, ein Video oder eine Tonaufzeichnung sein. Sammeln Sie Schülerarbeiten, die Sie in den folgenden Jahren in anderen Klassen einsetzen können. Es empfiehlt sich, solche Beispiele anonym zu präsentieren und sich von den Eltern der Verfasser eine schriftliche Genehmigung für den Einsatz im Unterricht einzuholen. Das Beispiel auf S. 59 können Sie als Vorlage benutzen.

Sehr geehrte(r) _____,

ich möchte die beiliegende Arbeitsprobe Ihres Kindes gern als Hilfsmittel für den Unterricht in anderen Klassen verwenden. Solche Beispiele sind bei der Vermittlung wichtiger Unterrichtsziele eine große Hilfe. Die Schule benötigt eine Einwilligung der Eltern für den Einsatz von Schülerarbeiten. Wenn Sie dieser Verwendungsabsicht zustimmen können, unterzeichnen Sie bitte die beigefügte Einverständniserklärung.

Ihr Kind hat mir bereits die Erlaubnis erteilt, die Arbeitsprobe als Lernhilfe für andere Schüler einzusetzen. Hiermit versichere ich Ihnen, dass die Arbeitsprobe Ihres Kindes anonym gezeigt wird und dass die Schule sie als Hilfsmittel für den Unterricht in Ehren hält.

Bei Fragen oder Bedenken rufen Sie mich doch bitte unter der Nummer _____ an.

Mit lieben Grüßen

_____

Einverständniserklärung

Datum _____

Ich erkläre mich damit einverstanden, dass die _____ _____ Schule die Arbeitsprobe meiner Tochter/meines Sohnes _____ _____ anonym als Hilfsmittel für den Unterricht einsetzt.

Der Titel der Arbeit lautet „_____ ____".

_____
(Unterschrift des Erziehungsberechtigten)

Bewertungskriterien erarbeiten/ Bewertungsraster erstellen

Bewertungsraster für Sachtexte

INHALT

😺 *Sehr gut – höchstes Niveau*

- Der gesamte Textinhalt ist aufschlussreich und durchdacht und die Argumentation ist durchweg zielgerichtet.
- Die Argumente und Meinungen im Text sind ausnahmslos wichtig für das Thema.
- Die Einleitung bietet einen klaren und vollständigen Überblick über das Thema.

😊 *Gut – hohes Niveau*

- Der Textinhalt ist aufschlussreich und durchdacht und die Argumentation ist in der Regel zielgerichtet.
- Die Argumente und Meinungen im Text sind wichtig für das Thema.
- Die Einleitung bietet einen guten Überblick über das Thema.

😐 *Mittelmäßig – mittleres Niveau*

- Der Textinhalt ist bedingt aufschlussreich und mäßig durchdacht und die Argumentation ist nicht immer zielgerichtet.
- Die Argumente und Meinungen im Text sind nicht immer wichtig für das Thema.
- Die Einleitung bietet keinen vollständigen Überblick über das Thema.

🙁 *Schwach – unteres Niveau*

- Der Textinhalt ist kaum aufschlussreich und wenig durchdacht und die Argumentation ist zu wenig zielgerichtet.
- Die Argumente und Meinungen im Text passen häufig nicht zum Thema.
- Die Einleitung bietet keinen Überblick über das Thema.

TEXTAUFBAU

😺 *Sehr gut – höchstes Niveau*

- Der Textanfang weckt gezielt das Interesse des Lesers.
- Der gesamte Text ist sinnvoll in Abschnitte gegliedert.
- Durch gute Überleitungen von Absatz zu Absatz ist die Textstruktur stets zu erkennen.

😊 *Gut – hohes Niveau*

- Der Textanfang weckt das Interesse des Lesers.
- Der Text ist in Sinnabschnitte gegliedert.
- Durch Überleitungen von Absatz zu Absatz ist die Textstruktur zu erkennen.

☺ Mittelmäßig – mittleres Niveau
- Der Textanfang versucht, das Interesse des Lesers zu wecken.
- Der Text ist nicht durchweg in sinnvolle Abschnitte gegliedert.
- Die Textstruktur ist nicht immer zu erkennen.

☹ Schwach – unteres Niveau
- Der Textanfang zielt nicht darauf ab, das Interesse des Lesers zu wecken.
- Der Text ist nicht in sinnvolle Abschnitte gegliedert.
- Eine Textstruktur ist kaum zu erkennen.

SATZBAU

♔ Sehr gut – höchstes Niveau
- Satzlänge und Satzbau variieren, Nebensätze werden geschickt eingesetzt, alle Bezüge innerhalb des Satzes sind korrekt.
- Unterschiedliche Satzanfänge gestalten den Text durchweg abwechslungsreich.

☺ Gut – hohes Niveau
- Satzlänge und Satzbau variieren, Nebensätze werden richtig eingesetzt, die Bezüge innerhalb des Satzes sind in der Regel korrekt.
- Unterschiedliche Satzanfänge gestalten den Text abwechslungsreich.

☺ Mittelmäßig – mittleres Niveau
- Satzlänge und Satzbau variieren wenig, Nebensätze werden nicht immer geschickt eingesetzt, die Bezüge innerhalb des Satzes sind nicht immer korrekt.
- Die Satzanfänge sind zum Teil eintönig und der Text daher wenig abwechslungsreich.

☹ Schwach – unteres Niveau
- Satzlänge und Satzbau variieren kaum, Nebensätze werden häufig nicht richtig eingesetzt, die Bezüge innerhalb des Satzes sind häufig nicht korrekt.
- Die Satzanfänge sind eintönig und der Text ist daher kaum abwechslungsreich.

Bewertungskriterien erarbeiten/ Bewertungsraster erstellen

WORTSCHATZ

♛ *Sehr gut – höchstes Niveau*
- Die Wortwahl ist durchweg treffend und Publikum und Thema stets angemessen.
- Sorgfältig gewählte Ausdrücke und ein kreativer Umgang mit Sprache gestalten den Text spannend.

☺ *Gut – hohes Niveau*
- Die Wortwahl ist treffend und Publikum und Thema in der Regel angemessen.
- Ein abwechslungsreicher Wortschatz gestaltet den Text interessant.

☺ *Mittelmäßig – mittleres Niveau*
- Die Wortwahl ist nicht durchweg treffend und Publikum und Thema nicht immer angemessen.
- Der Wortschatz ist wenig abwechslungsreich und der Text daher wenig interessant gestalten.

☹ *Schwach – unteres Niveau*
- Die Wortwahl ist selten treffend und Publikum und Thema kaum angemessen.
- Der Wortschatz ist nicht abwechslungsreich und der Text daher nicht interessant gestalten.

GRAMMATIK UND RECHTSCHREIBUNG

♛ *Sehr gut – höchstes Niveau*
- Die Zeitform und die Zeichensetzung sind stets korrekt.
- Die Rechtschreibung von häufig verwendeten Wörtern und wichtigen Fachbegriffen ist stets korrekt.

☺ *Gut – hohes Niveau*
- Die Zeitform und die Zeichensetzung sind in der Regel korrekt.
- Die Rechtschreibung von häufig verwendeten Wörtern und wichtigen Fachbegriffen ist in der Regel korrekt.

☺ *Mittelmäßig – mittleres Niveau*
- Die Zeitform und die Zeichensetzung sind nicht immer korrekt.
- Die Rechtschreibung von häufig verwendeten Wörtern und wichtigen Fachbegriffen ist nicht immer korrekt.

☹ *Schwach – unteres Niveau*
- Die Zeitform und die Zeichensetzung sind häufig nicht korrekt.
- Die Rechtschreibung von häufig verwendeten Wörtern und wichtigen Fachbegriffen ist häufig nicht korrekt.

Musterbeispiele gezielt einsetzen

Problem:

Bewertungsraster erleichtern den Unterricht und die Leistungsbewertung. Ihre Schüler haben aber Probleme, die einzelnen Kriterien im Bewertungsraster nachzuvollziehen.

Ziel :

Der Einsatz von Musterbeispielen erleichtert Schülern die Arbeit mit Bewertungsrastern.

So geht's:

Musterbeispiele oder Schülerarbeitsproben zeigen, was bei einer Aufgabe erwartet wird, während Bewertungsraster es lediglich beschreiben. Musterbeispiele sind daher eine unerlässliche Ergänzung für Bewertungsraster. Schüler können besser mit Bewertungsrastern umgehen, wenn sie zuvor mit entsprechenden Musterbeispielen gearbeitet haben. Sammeln Sie Schülerarbeiten als Arbeitsproben für den Unterricht in zukünftigen Klassen.

Die folgenden Beispiele sollen nicht nur zeigen, wie gute Arbeitsergebnisse aussehen können. Die zwei Versionen jedes Exemplars – das Original-Ergebnis des Schülers und eine abgeänderte Fassung – eignen sich für konkrete Übungen. Die Schüler arbeiten zunächst eigenständig und kreativ mit der geänderten Fassung, bevor sie das Original überprüfen. Durch das praktische Bearbeiten werden die Musterbeispiele aufmerksamer studiert, als wenn sie lediglich als Beispiele für gelungene Arbeiten vorgestellt würden.

Bei dem Musterbeispiel für das „Wildwasser-Abenteuer" wurden in Version A Wörter weggelassen (1a und 1b). Die Schüler sollen sinnvolle, passende Wörter aus dem Kontext erschließen und einsetzen. Zwei Textabschnitte (2a und 2b) bestehen bloß aus einfachen Hauptsätzen. Die Schüler sollen diese zu komplexen Sätzen zusammenfügen. Am Ende der Geschichte wird Platz gelassen, damit sich die Schüler einen passenden Schluss überlegen – eine überraschende Wende, einen Schluss, der zeigt, was der Protagonist gelernt hat, oder einen, der zeigt, was sich verändert hat.

Musterbeispiele gezielt einsetzen

„Die verdächtige Schachtel" zeigt eine weitere Möglichkeit, wie man Musterbeispiele zur Übung einsetzen kann. Version A ist eine vereinfachte Fassung
des Schüleroriginals (Version B). Die Schüler vergleichen die beiden Fassungen
miteinander und ermitteln, welche die bessere ist. Um gezielte Vergleiche
anzustellen, arbeiten sie mit Zahlencodes:

1. **Die Schüler vergleichen den Schluss.**
2. **Die Schüler ermitteln, in welchem Beispiel das Geschehen anschaulich
   dargestellt und nicht bloß beschrieben wird.**
3. **Die Schüler vergleichen den Satzbau.**
4. **Die Schüler untersuchen die Wortwahl.**

Durch die Arbeit mit diesen und anderen Musterbeispielen kann man die Aufmerk-
samkeit der Schüler auch auf weitere wichtige Textmerkmale lenken, wie zum
Beispiel den Aufbau einer Geschichte – gegebenenfalls auch den Konflikt, den
Höhepunkt oder die Auflösung – oder auf Regeln wie Zeichensetzung, insbesondere
Anführungszeichen.

Die Analyse der Musterbeispiele leitet über zu dem wichtigsten Schritt:
Die Schüler überarbeiten nun ihre eigenen Texte den Kriterien entsprechend,
die sie in den Musterbeispielen untersucht haben.

Wildwasser-Abenteuer (Version A)

„Papa! Das ist zu hoch!" Doch meine Stimme ging in dem *(1a)*_____
Lärm der Stromschnellen unter. Angestrengt zwang ich mich zu paddeln, um
mein Ziel sicher zu erreichen. Die Kraft der gewaltigen Wellen schien die Paddel
*(1b)*_____. Ich drehte mich mit flehendem Blick zu meinem Vater
um, aber ich sah nur eine verzweifelte Gestalt, die energisch paddelnd versuchte,
das Kajak in Sicherheit zu lenken. Jetzt war ich vor Angst wie gelähmt – wir
hatten die Kontrolle verloren. Das Kajak kollidierte mit einem gewaltigen Felsen
und stürzte meinen Vater und mich in das eiskalte Wasser. Ich hörte das bedrohliche Grollen der Wellen, die sich an der kahlen Felswand brachen. *(2a: Ich fühlte,
wie ich unter die übermächtigen Wellen gewirbelt wurde. Ich rang nach Luft.
Mein Körper trudelte hilflos durch die Wogen.) (2b: Mein Kopf krachte gegen
einen Felsen. Ich wurde ohnmächtig.)* Ich wachte auf und war völlig benommen.
Dann nahm ich verschwommen die Umrisse meines Vaters über mir wahr.
Er trug mich zu unserem Auto. _____
_____.

Wildwasser-Abenteuer (Version B)

„Papa! Das ist zu hoch!" Doch meine Stimme ging in dem tosenden Lärm der
Stromschnellen unter. Angestrengt zwang ich mich zu paddeln, um mein Ziel
sicher zu erreichen. Die Kraft der gewaltigen Wellen schien die Paddel zu
beherrschen. Ich drehte mich mit flehendem Blick zu meinem Vater um, aber
ich sah nur eine verzweifelte Gestalt, die energisch paddelnd versuchte, das
Kajak in Sicherheit zu lenken. Jetzt war ich vor Angst wie gelähmt – wir hatten
die Kontrolle verloren. Das Kajak kollidierte mit einem gewaltigen Felsen und
stürzte meinen Vater und mich in das eiskalte Wasser. Ich hörte das bedrohliche
Grollen der Wellen, die sich an der kahlen Felswand brachen. Ich fühlte, wie
ich unter die übermächtigen Wellen gewirbelt wurde. Während mein Körper
hilflos durch die Wogen trudelte, rang ich nach Luft. Als mein Kopf gegen
einen Felsen krachte, wurde ich ohnmächtig. Ich wachte auf und war völlig
benommen. Dann nahm ich verschwommen die Umrisse meines Vaters über
mir wahr. Er trug mich zu unserem Auto. Erschöpft murmelte ich: „Ich hab
doch gesagt, das ist zu hoch!" *(Schüler der 6. Klasse)*

Musterbeispiele gezielt einsetzen

Die verdächtige Schachtel (Version A)

Herr Carstens war der neue Nachbar von Susi und Thomas Lehmann. In einer mondhellen Nacht beobachteten sie vom Fenster aus, wie er eine Schachtel in seinem Garten vergrub.

(2) **Susi sagte zu ihrem Bruder: „Ich frage mich, was in der Schachtel ist."**

„Ach, sei nicht albern, das geht uns nichts an", antwortete Thomas genervt.
„Aber es hat uns doch zu interessieren, was in unserer Nachbarschaft vor sich geht", protestierte Susi.
„Ach ja?" Thomas machte eine kurze Pause und fuhr dann fort: „Und wenn schon, wir sind gerade mal elf und zwölf, wem würden sie wohl glauben – zwei Minderjährigen oder einem Erwachsenen?"

(4) „Tja, da hast du wohl Recht", **antwortete Susi.**

(4) In dieser Nacht schliefen sie **tief und fest.**

Als die beiden am folgenden Nachmittag von der Schule nach Hause kamen, kreisten Susis Gedanken immer noch um die Schachtel. Thomas schwor sich, von dem ungeduldigen Drängen seiner kleinen Schwester unbeeindruckt zu bleiben – er wollte ihr nicht helfen, dieses Geheimnis zu lüften.
Aber bevor er sich's versah, hatte Susi ihn bereits zu Herrn Carstens Hauseingang gezerrt. Sie hatten beschlossen, – vielmehr hatte Susi für sie beide beschlossen – dass Thomas einfach fragen würde: „Was ist in der Schachtel?"

(3) **Sie fragten ihn. Er sagte nur:**

„Bloß ein Stück vergammeltes Fleisch. Das stank so im Haus. Kommt doch rein und erzählt mir, warum euch das verdächtig vorkam. Ich kann euch Milch und Kekse anbieten."
„Danke, das wäre toll."
„Ja, äh, wie meine Schwester schon sagt, das wäre toll, aber Mama möchte, dass wir nach Hause kommen. W-W-Wiedersehen!" Thomas fing an zu stottern, weil ihm das Ganze ziemlich peinlich war.

(3) **Dann gingen sie die Eingangsstufen zu ihrem Haus hoch.**
Plötzlich blieb Susi stehen und sagte: „Hey, er hat uns gar nicht in die Schachtel gucken lassen. Vielleicht hat er uns angelogen!"

(1) **„Ich hoffe nicht", antwortete Thomas.**

Die verdächtige Schachtel (Version B)

Herr Carstens war der neue Nachbar von Susi und Thomas Lehmann.
In einer mondhellen Nacht beobachteten sie vom Fenster aus, wie er
eine Schachtel in seinem Garten vergrub.

(2) **Susi erschauderte und sagte mit bebender Stimme: „Ich frage mich,
was in der Schachtel ist."**

„Ach, sei nicht albern, das geht uns nichts an", antwortete Thomas genervt.
„Aber es hat uns doch zu interessieren, was in unserer Nachbarschaft vor
sich geht", protestierte Susi.
„Ach ja?" Thomas machte eine kurze Pause und fuhr dann fort: „Und wenn
schon, wir sind gerade mal elf und zwölf, wem würden sie wohl glauben –
zwei Minderjährigen oder einem Erwachsenen?"

(4) „Tja, da hast du wohl Recht", **entgegnete Susi mürrisch.**

(4) In dieser Nacht schliefen sie **sehr unruhig.**

Als die beiden am folgenden Nachmittag von der Schule nach Hause kamen,
kreisten Susis Gedanken immer noch um die Schachtel. Thomas schwor sich,
von dem ungeduldigen Drängen seiner kleinen Schwester unbeeindruckt zu
bleiben – er wollte ihr nicht helfen, dieses Geheimnis zu lüften.
Aber bevor er sich's versah, hatte Susi ihn bereits zu Herrn Carstens Hauseingang gezerrt. Sie hatten beschlossen, – vielmehr Susi hatte Susi für sie beide
beschlossen – dass Thomas einfach fragen würde: „Was ist in der Schachtel?"

(3) **Als sie ihn fragten, sagte Herr Carstens nur:**

„Bloß ein Stück vergammeltes Fleisch. Das stank so im Haus. Kommt doch
rein und erzählt mir, warum euch das verdächtig vorkam. Ich kann euch
Milch und Kekse anbieten."
„Danke, das wäre toll."
„Ja, äh, wie meine Schwester schon sagt, das wäre toll, aber Mama möchte,
dass wir nach Hause kommen. W-W-Wiedersehen!" Thomas fing an zu stottern,
weil ihm das Ganze ziemlich peinlich war.

(3) **Als sie die Eingangsstufen zu ihrem Haus hochgingen, blieb Susi plötzlich
stehen und rief: „Hey, er hat uns gar nicht in die Schachtel gucken lassen.
Vielleicht hat er uns angelogen!"**

(1) **„Jetzt geht das schon wieder los", stöhnte Thomas verzweifelnd.**
(Schülerin der 5. Klasse)

Bewertungsverfahren etablieren

Problem:

Sie verbringen Stunden damit, Schülerarbeiten zu bewerten. Sie schreiben häufig ausführliche Kommentare und Überarbeitungsvorschläge. Es frustriert Sie, dass viele Schüler Ihre Ratschläge nicht lesen und schon gar nicht bei den nächsten Aufgaben beherzigen.

Ziel:

Führen Sie ein Bewertungsroutine-Verfahren ein, das Ihren Schülern hilft, eigene Stärken und Schwächen zu erkennen und systematisch an ihren Kompetenzen zu arbeiten.

So geht's:

Erklären Sie Ihren Schülern zunächst, welche zwei Funktionen Sie übernehmen, wenn Sie Arbeiten durchsehen: Sie sind einerseits Prüfer und andererseits Trainer. Sie möchten wissen, inwieweit Ihre Schüler die Lernziele erreicht haben, aber mehr noch möchten Sie, dass sie aus den Aufgaben lernen und die nächsten besser bewältigen. Halten Sie konsequent an folgender Bewertungsstrategie fest:

➡ Äußern Sie (mündlich oder schriftlich) einen Verbesserungsvorschlag, der sich mit dem dringendsten grundlegenden Problem befasst. Machen Sie auf keinen Fall mehrere Vorschläge – der Schüler hat genug damit zu tun, sich erstmal auf ein Problem zu konzentrieren.

➡ Äußern Sie (mündlich oder schriftlich) möglichst positive Kritik. Wählen Sie einen besonders positiven Aspekt und loben Sie den Schüler dafür.

➡ Lassen Sie die Schüler, basierend auf Ihren Bewertungen, selbst Protokoll über ihre eigenen „Lernziele" und „Lernerfolge" führen. Dieses Protokoll kann den Schülern als Leitfaden und Hilfe bei zukünftigen Aufgaben dienen – sie sollten sich vor dem Bearbeiten einer neuen Aufgabe die wichtigsten Punkte noch einmal kurz anschauen.

➡ Nutzen Sie möglichst einheitliche Bewertungsformulare (siehe Beispiel auf S. 69), die Ihre Bewertung konsequent und nachvollziehbar machen.

Bewertungsformular

Name des Schülers/der Schülerin: _Paul_

Aufgabe: _„Mein spannendstes Erlebnis"_

Positive Kritik

Am meisten beeindruckt hat mich ...

dass du diesmal auch das Ende deiner Geschichte schlüssig

entwickelt hast und sie nicht wie sonst häufig nach dem

spannendsten Ereignis ein abruptes Ende nahm.

Vorschlag

Ich glaube, dein vorrangiges Lernziel sollte sein, ...

- weiterhin an dem „roten Faden" deiner Texte zu arbeiten

und sie schlüssig von Anfang bis Ende zu erzählen

- hin und wieder auch längere Sätze einzubauen

(Hauptsatz + Nebensatz)

Bewertungsraster beigefügt?

| ja | | nein |

Das „Texte total daneben"-Spiel

Problem:

In weniger diplomatischen Augenblicken bezeichnen Sie Ihre Klasse als „total daneben". Es ist einer jener Montagmorgende oder Freitagmittage, an denen Hopfen und Malz verloren scheinen. Wie sollen Sie Ihre Schüler an einem solchen Tag motivieren, sich mit effektiven Schreibtechniken auseinander zu setzen?

Ziel:

Erlauben Sie Ihren Schülern „total daneben" zu sein – und zwar schriftlich. In diesem Spiel kommt es darauf an, mal so richtig schlecht zu schreiben. Das ist gar nicht so einfach und vermittelt Ihren Schülern eine Menge über Stil und Schreibtechniken.

So geht's:

Die Schüler verändern einen literarischen Text oder ein gelungenes Schülertextbeispiel zu dessen Nachteil. Dabei nutzen sie die auf S. 71 aufgelisteten „Tipps und Tricks" als Hilfe. Beim Verunstalten eines guten Textes beschäftigen sich die Schüler intensiv mit unterschiedlichen Techniken des Schreibens und lernen, diese Techniken voneinander abzugrenzen. In der Rolle des „Miesmachers" entwickeln selbst unmotivierte Schüler Interesse an der Auseinandersetzung mit gelungenen Beispielen.

Hinweis: *Es kann sein, dass man die Klasse freundlich darauf hinweisen muss, dass Fäkalsprache nicht unbedingt ein Beispiel für „schlechte" Sprache ist und außerdem selten ein besonders kreativer Einfall.*

Wenn die Schüler sich mit diesem Spiel genügend ausgetobt haben, können Sie zum sinnvollen Überarbeiten von Texten überleiten. Dazu wenden die Schüler die Kriterien, die sie gerade kennen gelernt haben, auf einen ihrer eigenen Texte an.

Das „Texte total daneben"-Spiel

„Total daneben": Tipps und Tricks zum erfolgreichen Verunstalten von Texten

INHALT

- Füge an passender Stelle eine neue Aussage in den Text ein, die zwar interessant ist, aber ganz und gar von der Absicht ablenkt, die der Autor mit dem Text verfolgt.
- Streiche eine besonders wichtige Aussage aus dem Text heraus, so dass der Text inhaltlich (nicht sprachlich!) unverständlich wird.

TEXTAUFBAU

- Überlege dir, welchen Absatz du verschieben könntest, um den Aufbau des gesamten Textes völlig durcheinander zu bringen. Beschreibe, warum der Leser den Text nicht mehr verstehen würde, wenn du diesen Absatz an eine andere Stelle verschiebst.

SATZBAU

- Schreibe einen Absatz neu und benutze dabei ausschließlich Hauptsätze. Ist deine Textversion besser oder schlechter als der Originaltext? Begründe!

WORTSCHATZ

- Suche einen Satz, in dem ein Ereignis oder eine Sache sehr anschaulich beschrieben wird. Schreibe den Satz um und benutze dabei ganz langweilige und wenig aussagekräftige Begriffe.

RECHTSCHREIBUNG/AUSDRUCK

- Schreibe drei fehlerfreie Sätze aus dem Text ab. Füge in diese Sätze einige realistische Fehler ein, so dass deutlich wird, wie ein grammatischer Fehler oder ein falsch benutzter Fachbegriff den Leser durcheinander bringt. Wendest du selbst in deinen eigenen Texten Begriffe falsch an? (Schau in den Korrekturen deiner letzten Arbeiten nach, um ein Beispiel zu finden.)

Texte gezielt überarbeiten

Problem:
Ihre Schüler sind sich unsicher, wie und nach welchen Kriterien sie schriftliche Aufgaben überarbeiten sollen.

Ziel:
Ihre Schüler konzentrieren sich bei der Überarbeitung schriftlicher Arbeiten auf eine Liste konkreter Anforderungskriterien.

So geht's:
Oft überarbeiten Schüler schriftliche Arbeiten nicht sorgfältig, weil ihnen Kriterien zum Verbessern von Texten fehlen. Der Arbeitsauftrag „Lest den Text eures Tischnachbarn und macht Verbesserungsvorschläge" ist für viele Schüler einfach zu allgemein gehalten. Machen Sie Ihre Schüler mit folgenden Anforderungskriterien für schriftliche Aufgaben vertraut:

- Mein Standpunkt ist klar und deutlich formuliert.
- Ich begründe meine Aussage mit konkreten Fakten und Einzelheiten.
- Jeder einzelne Abschnitt behandelt ein klar zu erkennendes Thema.
- Ich habe auf einen abwechslungsreichen Satzbau geachtet:
  Nicht alle meine Sätze fangen gleich an und ich verwende auch Nebensätze.

Die Schüler können Texte allein oder mit einem Partner zusammen bearbeiten. Folgende zwei Methoden sind besonders hilfreich:

- Die Schüler schreiben grundlegende Kriterien für das Verfassen guter Texte auf selbstklebende Notizzettel. Dann zeichnen sie mit Bleistift einen Pfeil vom Zettel zu der Textpassage, in der dieses Kriterium erfüllt oder nicht beachtet wird (siehe Beispiel auf S. 73).
- Die Schüler bearbeiten Texte mithilfe von Textmarkern. Für jedes Kriterium nehmen sie eine andere Farbe. Damit das funktioniert, muss die Klasse sich natürlich an eine vorher vereinbarte Farbenauswahl halten.

Für das Arbeiten mit Klebezetteln und Farbstiften sollte die Liste der Kriterien auf eine sinnvolle Anzahl beschränkt werden, etwa vier bis sechs.

Beispiel für die Klebezettel-Methode

Sollte man die Klonforschung erlauben?

Um beurteilen zu können, ob die Klonforschung erlaubt und sogar gefördert werden sollte, muss man sich deren konkrete Auswirkungen vor Augen halten. Die Klonforschung würde es in Zukunft ermöglichen, einen Menschen zu erschaffen, der das exakte Abbild von jemandem ist, der bereits lebt oder schon gelebt hat. Wäre das ein Vorteil für die Menschheit?

1. Abschnitt: Einleitung

abwechslungsreicher Satzbau

Ich finde, das wäre kein Vorteil, sondern im Gegenteil, eine ganz schreckliche Auswirkung. Wäre ich zum Beispiel als Klon zur Welt gekommen, so hätte ich bestimmt viele Probleme, die ich jetzt nicht habe. Angenommen ich wäre ein Klon von meinem Vater, der viel zu früh eine Glatze bekommen hat, so frage ich mich doch, warum sie damals meinen Vater und nicht meine Mutter geklont haben, die ganz tolle Haare hat.
Ich fände es furchtbar, ständig vor mir zu sehen, wie ich später mit Glatze und Falten aussehen werde. Wirklich schlimm wäre es natürlich, wenn mein Vater eine Krankheit hätte, die sich beim Klonen überträgt. Dann wüsste ich jetzt schon ganz sicher, dass ich später auch krank werde. Ich glaube, es wäre auf jeden Fall auch sehr bedrückend für einen Menschen, wenn er nicht einzigartig, sondern nur ein „Abklatsch" von jemand anderem ist.

2. Abschnitt: Gründe auflisten

Begründung mit Fakten und Beispielen

Daher bin ich der Meinung, die Forschung an Embryonen mit dem Ziel, Menschen zu klonen, sollte auf jeden Fall weltweit verboten werden! Bei Missachtung sollten nicht bloß Strafgelder gezahlt werden, sondern das ganze Labor müsste geschlossen werden. Sonst zahlen die Forscher nur die Strafen und versuchen es dann weiter.

3. Abschnitt: Schluss/Fazit

klarer Standpunkt

Individuelle Fehler
konsequent verbessern

Problem:

Ihre Schüler machen mit jeder neuen Schreibaufgabe wieder die gleichen Fehler und zeigen unverändert dieselben Schwächen. Sie möchten, dass Ihre Schüler Ihre gründlichen und aufwändigen Aufsatzkorrekturen nutzen, um persönliche Zielsetzungen zu formulieren.

Ziel:

Die Schüler lernen, selbständig daran zu arbeiten, ihre ganz persönlichen Schreibschwächen und -probleme zu lösen.

So geht's:

➡ **Vorschlag 1:** Die Schüler führen das ganze Schuljahr über eine Liste mit Lernzielen, die zum Beispiel so aussieht, wie die unten abgebildete. Bei jüngeren Schülern könnten die Überschriften „Was ich schon kann" und „Was ich noch lernen muss" lauten. Die Liste hilft den Schülern, ihre persönlichen Lernprobleme zu ermitteln. Es ist immer ein gutes Gefühl, wenn ein Lernziel erreicht ist und abgehakt werden kann.

Meine Lernziele für schriftliche Aufgaben

Ziele	Erreichte Ziele
_____	_____
_____	_____

➡ **Vorschlag 2:** Die Schüler können die Punkte dieser Lernziele-Liste systematisch abarbeiten: Sie versuchen bei jeder neuen schriftlichen Aufgabe auf einen bestimmten Punkt ganz besonders zu achten. Dabei können sie mit der Klebezettel- oder der Textmarker-Methode arbeiten, die auf Seite 72 bereits beschrieben wurde. Es sollte immer eine bestimmte Farbe pro Ziel verwendet werden.

Treffende Formulierungen benutzen

Problem:
Ihre Schüler benutzen beim Schreiben fast ausschließlich nichtssagende, farblose Formulierungen.

Ziel:
Die Schüler üben und festigen den Gebrauch treffender, ausdrucksstarker Verben.

So geht's:
Jeder Schüler nimmt sich einen selbst verfassten Text vor. Nachdem sie die Zeitformen Vergangenheit, Präsens und Futur von „sein" wiederholt haben, schreiben die Schüler einen Textabschnitt (ein oder zwei Absätze) ab und ersetzen darin sämtliche Formen von „sein".

Beispiel:

> In der ganzen Stadt schien die Sonne.
> *Nicht:* Es war ein sonniger Tag.
>
> Clara, die Hauptfigur in der Geschichte, macht eine Identitätskrise durch.
> *Nicht:* Clara ist die Hauptfigur in der Geschichte.

Lassen Sie die Schüler auch Alternativen für Formen von „haben", „gehen" und „machen" suchen. Auf einem Arbeitsblatt, ähnlich dem ausgefüllten Beispiel auf Seite 76, können sie die „Vorher-" und „Nachher"-Versionen ihrer Beispielsätze auflisten.

Treffende Formulierungen benutzen

Sein oder nicht sein – haben oder nicht haben

Aufgabe: Schreibe mindestens fünf Sätze auf, in denen Formen von „sein" oder „haben" vorkommen. Schreibe die Sätze so um, dass diese Formen durch aussagekräftigere Verben ersetzt werden.

1 **Original:** *Als wir jubelten, war es laut in der Turnhalle.*

Überarbeitung: *Unser lauter Jubel erfüllte die Turnhalle.*

2 **Original:** *Auf diesem Fachgebiet bin ich Experte.*

Überarbeitung: *Dieses Fachgebiet beherrsche ich ausgezeichnet.*

3 **Original:** *Peters Vater war zufrieden.*

Überarbeitung: *Peters Vater zeigte sich mit dem Ergebnis zufrieden.*

4 **Original:** *Sie hatte ein Lächeln auf den Lippen.*

Überarbeitung: *Auf ihren Lippen erstrahlte ein Lächeln.*

5 **Original:** *Er ist allein im Zimmer und starrt in den Spiegel.*

Überarbeitung: *Er sitzt allein auf seinem Bett und starrt in den Spiegel an der Wand.*

Nicht beschreiben, sondern anschaulich machen

Problem:

Anstatt ein Ereignis anschaulich darzustellen, beschreiben Ihre Schüler bloß, was passiert. Sie schreiben eher „Natalie war wütend" als „Natalie stürzte ins Zimmer, schnappte sich das Telefon und pfefferte es gegen die Wand."

Ziel:

Ihre Schüler üben, mit Sprache Ereignisse anschaulich wiederzugeben, anstatt bloß darüber zu schreiben.

So geht's:

Zeigen Sie ein Musterbeispiel wie den Text auf Seite 78, um Ihren Schülern deutlich zu machen, wie man etwas veranschaulicht und nicht bloß beschreibt. Es bietet sich auch an, für diese Übung einen Text aus dem Deutschbuch oder einen Textausschnitt aus einer Lektüre zu verwenden, mit der die Schüler gerade arbeiten oder gearbeitet haben. Die Schüler kennzeichnen Sätze, die in erster Linie beschreiben, mit einem „B", und solche, die etwas anschaulich und lebendig darstellen, mit einem „A".
Anschließend nehmen die Schüler sich jeweils einen selbst verfassten Text vor. Sie kennzeichnen mit Hilfe von Klebezetteln oder Textmarkern Passagen, in denen sie etwas veranschaulichen, und solche, in denen sie etwas beschreiben.

Nicht beschreiben, sondern anschaulich machen

Schreibe ein „B" über Sätze, die etwas beschreiben und ein „A" über solche, die etwas anschaulich darstellen.

Das Haus auf dem Hügel

B Steffi und ich waren lange in der Bücherei geblieben. *A* Jetzt war es schon fast dunkel und ein kalter Nebel waberte uns beim Verlassen des alten Backstein- gebäudes entgegen: *A* Tröpfchen funkelten unter den Laternen im Vorhof. *B* Wir beschlossen, die Abkürzung zu nehmen, denn wenn wir den anderen Weg gingen, wäre es noch dunkler, bevor wir Zu Hause ankämen. *B* Die Abkürzung führte an dem Haus auf dem Hügel vorbei.

B Wir gingen beide sehr zügig und sprachen nicht miteinander. *A* Aus den Augenwinkeln bemerkte ich, dass Steffi ihre Lippen fest aufeinander presste. *B* Wir waren bereits fast an der Hecke, die das Haus umgrenzte, vorbei, als wir auf einmal ein Flüstern hinter uns hörten. *B* Wir drehten uns um und erwarteten, jemanden zu sehen, aber es war zu dunkel. *B* Mit heftigem Herzklopfen gingen wir weiter. *B* Plötzlich heulte direkt neben uns ein Tier. *B* Das Geräusch machte uns Angst. *A* Ich bekam eine Gänsehaut.

B Bis jetzt hatte ich nicht daran geglaubt, dass es in dem Haus wirklich spukte, *A* aber jetzt ... Doch weiter konnte ich nicht denken, denn im Mondschein sahen wir nun eine riesige, hagere Gestalt mit ungelenken Schritten auf uns zu torkeln. *B* Steffi kreischte. *A* Als die Gestalt plötzlich stolperte und dann merkwürdig vor uns auf dem Weg in sich zusammenklappte, blieb mir zunächst fast das Herz stehen. *B* Als wir jedoch erkannten, dass es Michi war, der da versuchte, sich und seine Stelzen aus einem riesigen Umhang zu befreien, waren wir fast zu erleichtert, um wütend zu sein.

B Dann kamen auch Olli und Jan aus den Büschen. Sie hatten geahnt, dass wir die Abkürzung nach Hause nehmen würden und uns einen Streich gespielt! *B* Jetzt müssen wir uns nur überlegen, wie wir es den dreien heimzahlen werden.

(Schülerin der 7. Klasse)

Herausforderung zur Wortwahl

Problem:

Ihre Schüler benutzen in schriftlichen Aufgaben häufig ungenaue, vage Formulierungen.

Ziel:

Ihre Schüler lernen, wie wichtig es ist, beim Schreiben auf eine präzise, überzeugende Wortwahl zu achten.

So geht's:

➡ **1. Schritt:** Schreiben Sie das folgende kurze Gedicht an die Tafel:

> **Der Regen ist wie**
> *ein Schwarm*
> *ungeduldig*
> *trommelnder*
> *Hände.*

Schreiben Sie das Gedicht daneben noch einmal auf und ersetzen Sie die kursiv gedruckten Wörter durch „zahlreiche", „entnervt", „Geräusche machende" und „Gliedmaßen". Lassen Sie auch die Schüler ein paar Alternativen nennen und diskutieren Sie darüber, wie die ausgetauschten Wörter den Klang und die Wirkung des Gedichts verändern. Machen Sie deutlich, dass man die optimale Wirkung eines Textes nur mit einer gut durchdachten Wortwahl erzielt.

➡ **2. Schritt:** Wenn Schriftsteller etwas so anschaulich wie möglich beschreiben wollen, sind sie besonders vorsichtig bei der Verwendung von Adjektiven. Erklären Sie den Schülern, dass ein einzelner, treffender Begriff meist mehr aussagt als eine endlose Kette von Adjektiven. Erwähnen Sie auch, dass ein Adjektiv mit den mit ihm fest verbundenen Vorstellungen und Bedeutungen häufig die Atmosphäre einer ganzen Szene bestimmt.

Herausforderung zur Wortwahl

Diskutieren Sie mit den Schülern darüber, warum allzu häufig verwendete Adjektive oft vage klingen und nicht die gewünschte Wirkung erzielen. Versuchen Sie mit Ihren Schülern anhand der folgenden Beispielsätze das Wort „nett" zu definieren.

> • *Mein Vater ist total **nett:** Er gibt mir immer Geld, wenn ich ihn darum bitte.*
> • *Tara sieht heute wirklich **nett** aus. Ich finde es toll, wenn sie ihr Haar so trägt.*
> • *Papa hat mir versprochen, dass wir am Wochenende etwas **Nettes** machen werden.*
> • *„Mama, ich habe mich mit Sauce bekleckert." „Na, das ist ja **nett,** mein Schatz."*

➡ **3. Schritt:** Machen Sie deutlich, wie wichtig auch aussagekräftige Adverbien sind. Schreiben Sie dazu den folgenden Text an die Tafel. Die Schüler sollen den Situationen die richtigen Beschreibungen zuordnen.

> **1.** *Ein alter Mann, der Blumen pflanzt, ...*
> **2.** *Ein Goldsucher, der nach Gold schürft, ...*
> **3.** *Ein Mörder, der versucht, die Leiche des letzten Opfers verschwinden zu lassen, ...*
> **4.** *Ein Arbeiter, der einen Baugraben für eine Rohrleitung aushebt, ...*
>   • *gräbt entschlossen.*   • *gräbt gemächlich.*   • *gräbt gehetzt.*

➡ **4. Schritt:** Ein Schüler spielt die Rolle von Joe. Sechs andere Schüler spielen eine typische Menschenmenge z.B. in einer überfüllten Einkaufspassage. Nun bitten Sie Joe Folgendes zu tun:

> • *Joe geht durch die Menge.*   • *Joe tanzt durch die Menge hindurch.*
> • *Joe drängelt sich durch die Menge.*   • *Joe huscht durch die Menge.*

Machen Sie auf die Unterschiede aufmerksam:

Ein aussagekräftiges Verb wirkt ganz anders als eine gewöhnliche, vage Formulierung.

➡ **5. Schritt:** Anschließend überarbeiten die Schüler einen selbst verfassten Text im Hinblick auf eine aussagekräftigere Wortwahl. Sie dürfen Klebezettel oder Textmarker benutzen, um anschaulich formulierte Passagen zu kennzeichnen.

Charaktere entwickeln

Problem:
Wenn Ihre Schüler Geschichten schreiben, zählen sie die Charakterzüge der Personen auf, anstatt sie anschaulich zu vermitteln.

Ziel:
Die Schüler lernen, Charakterzüge von Figuren in einer kurzen Erzählung/ einem Dialog anschaulich zu vermitteln.

So geht's:
Bevor Sie Ihren Schülern Aufgaben stellen, wie die auf dem Beispiel-Arbeitsblatt (Seite 82), untersuchen Sie gemeinsam mit den Schülern, wie bekannte Schriftsteller die Charaktereigenschaften ihrer Figuren deutlich machen und wie wichtig die Worte und Taten der Charaktere dabei sind. Mit folgendem Arbeitsbogen können sie einen Charakter Schritt für Schritt analysieren:

Person _____

Charaktereigenschaft 1	Wird deutlich in dem Moment, als
_____	_____
_____	_____
Charaktereigenschaft 2	Wird deutlich in dem Moment, als
_____	_____
_____	_____
Charaktereigenschaft 3	Wird deutlich, als
_____	_____
_____	_____

Charaktere entwickeln

Charaktere entwickeln

Schreibe einen kurzen Text zu den folgenden Situationen.
Stelle die Reaktion der Person möglichst lebhaft und anschaulich dar.
Benutze für jedes Szenario ein neues Blatt Papier.

1 Deine Person wird von der Polizei angehalten, weil sie mit dem Auto zu schnell gefahren ist. Beschreibe die Szene mit dem Polizeibeamten und den dazugehörigen Dialog.

2 Deine Person hat gerade zwei Millionen Euro im Lotto gewonnen. Was macht sie mit dem Geld?

3 Deine Person öffnet die Haustür und ein aufdringlicher Vertreter steht davor. Beschreibe die Szene und den dazugehörigen Dialog.

4 Deine Person erzählt einem Freund/ einer Freundin, wie sie ihren Urlaub verbracht hat.

5 Deine Person plant ihren Traumurlaub. Beschreibe diesen Urlaub: nenne das Reiseziel, wichtige andere Personen, Ausflugspläne und geplante Freizeitaktivitäten.

6 Deine Person geht essen. Beschreibe das Restaurant und was für ein Gericht sie sich bestellt.

7 Deine Person hat ihr Zimmer ganz neu eingerichtet. Beschreibe, welche Möbel darin stehen und wie sie aussehen.

8 Deine Person ist verstorben. Verfasse die Grabrede und die Grabinschrift: ein paar Worte, die auf dem Grabstein an die Person erinnern.

9 Es gibt etwas, das deine Person besonders aufregt. Was ist es und warum ärgert es sie so sehr?

Gedichte lesen, um Gedichte zu schreiben

Problem:
Ihre Schüler können Aufbau und Bedeutung von gelesenen Gedichten recht gut beschreiben, aber sie haben Hemmungen oder Schwierigkeiten, selbst Gedichte zu verfassen.

Ziel:
Ihre Schüler beschäftigen sich intensiv mit Gedichten, um darauf aufbauend selbst Gedichte zu verfassen.

So geht's:
Verbinden Sie den Einstieg in das Thema Lyrik mit einer praktischen Übung: Lassen Sie Ihre Schüler selbst Gedichte schreiben. Die Schüler sollen ihre Gedichte gut aufbewahren, da sie sie im Verlauf des Schuljahres mehrfach überarbeiten und über die Änderungen Protokoll führen werden.

Während die Schüler sich mit Gedichten auseinander setzen und Schritt für Schritt analysieren und verstehen, wie Bedeutung und Schreibtechnik zusammenhängen, überarbeiten sie in regelmäßigen Abständen ihre eigenen Gedichte. Nachdem sie sich zum Beispiel mit Gedichten beschäftigt haben, in denen eine assoziative Sprache benutzt wird, bietet sich als Anschlussaufgabe eine entsprechende Überarbeitung ihrer eigenen Gedichte an. Sie sollten auch nach kreativen Wortschöpfungen in Gedichten suchen und nach diesem Vorbild ihre eigenen Texte verändern und ergänzen. Besonders sorgfältig ist darauf zu achten, wie Gedichte enden – sehr häufig nimmt ein Gedicht zum Schluss eine überraschende Wende.

Die Schüler sollen sich dementsprechend einen möglichst wirkungsvollen Schluss für ihre eigenen Gedichte überlegen. Die Schüler führen kontinuierlich Protokoll über die jeweils vorgenommenen Änderungen. Abschließend kommentieren sie die Unterschiede zwischen der Originalfassung und der Endfassung des Gedichts und erläutern, warum die Endfassung besser ist.

Rechtschreibmonster bekämpfen und besiegen

Problem:

In Rechtschreibtests und Diktaten schlagen sich Ihre Schüler ganz passabel, aber sobald sie eigene Texte schreiben, wimmelt es von Rechtschreibfehlern.

Ziel:

Ihre Schüler üben, grundsätzlich – nicht bloß in entsprechenden Tests – auf Rechtschreibung zu achten.

So geht's:

Helfen Sie Ihren Schülern, für sich selbst herauszufinden, mit welchen Rechtschreib-Strategien sie jeweils am besten arbeiten können. Einige finden beispielsweise Wortbilder oder andere Eselsbrücken hilfreich, andere erschließen die Rechtschreibung, indem sie nach dem Wortstamm suchen usw. Hier einige weitere erfolgreiche Methoden:

Lassen Sie die Schüler eine Liste ihrer „Rechtschreibmonster" aufstellen. Auf der Liste stehen Problemwörter, die sie immer wieder falsch schreiben. Mit den folgenden Strategien können die Schüler jedes einzelne Rechtschreibmonster besiegen: Die Schüler schreiben ihr Monsterwort mit einem Kringel um den Fehler auf. Anschließend schreiben sie das Wort richtig, schließen die Augen und prägen sich das Wort bildlich ein. Dann schreiben sie es fünfmal hintereinander auf. Zum Schluss schreiben die Schüler den Satz, in dem das Wort falsch geschrieben war, noch einmal – und schreiben das Wort diesmal richtig.

Wenn Sie in Ihrer Klasse regelmäßig Rechtschreibtests durchführen, können die Schüler sich in Partnerarbeit gegenseitig ihre Rechtschreibmonster abfragen. Halten Sie Ihre Schüler dazu an, dass sie ihre Liste mit Rechtschreibmonstern immer neben sich legen, wenn sie eigene Texte schreiben oder überarbeiten. Besonders hartnäckige Monster können Sie auch auf Postern im Klassenraum aufhängen, damit sie stets präsent sind.

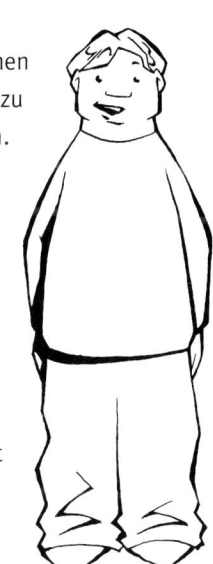

Grammatik- und Ausdrucksfehler verbessern

Problem:
Ihnen fällt auf, dass Schülern selbst beim sorgfältigen Überarbeiten ihrer Texte gravierende Grammatik- und Ausdrucksfehler entgehen.

Ziel:
Die Schüler lernen anhand der Fehler in eigenen Texten und in Texten von Mitschülern, auf typische Kategorien von Grammatik- und Ausdrucksfehlern zu achten und diese zu vermeiden.

So geht's:
Markieren Sie beim Korrigieren von Schülerarbeiten typische Beispiele für Grammatik- und Ausdrucksfehler. Um mit der Klasse daran zu arbeiten, benutzen Sie zum Beispiel folgendes Zahlensystem für die verschiedenen Kategorien:

1 **falsches Wort im gegebenen Kontext**
2 **falscher Gebrauch des Kasus**
3 **fehlerhafte Wortbildung**

Bevor Sie der Klasse eine Arbeit zurückgeben, bitten Sie einen Freiwilligen, ein paar von Ihnen ausgewählte Beispielsätze zu den jeweiligen Kategorien auf Overhead-Folien zu schreiben. Für die oben beispielhaft genannten Kategorien könnte der Schüler jeweils eine Folie für falsche Wörter im gegebenen Kontext, eine für den falschen Gebrauch des Kasus und eine für fehlerhafte Wortbildung benutzen. Auf jeder Folie sollten Beispiele mehrerer Schüler stehen.

Erinnern Sie die Schüler daran, dass diese Fehler in ihren Texten vorkamen, wenn Sie sie mit ihnen berichtigen und den korrekten Sprachgebrauch erklären. Nach der Arbeit mit den Overhead-Folien sehen die Schüler ihre eigenen Texte durch und wenden bei der Berichtigung gleich an, was sie gerade gelernt haben.

Texte strukturieren – Titel, Einleitung, Schluss und Absätze

Problem:
Sie stellen fest, dass Ihre Schüler noch nie darüber nachgedacht haben, wie wichtig die Struktur, also Titel, Einleitung, Schluss, Absätze usw., für die Wirkung eines Textes ist.

Ziel:
Die Schüler lernen, wie man Texte sinnvoll und dem Inhalt angemessen strukturiert.

So geht's:
Setzen Sie das Arbeitsblatt „Texte strukturieren" (Seite 87) in Verbindung mit geeigneten Beispieltexten ein. – Das können neben fiktionalen oder nicht-fiktionalen Texten, die Sie mit den Schülern bereits durchgenommen haben, auch von den Schülern selbst verfasste Texte sein. Die Übersicht macht deutlich, dass es unterschiedliche effektive Möglichkeiten gibt, Titel, Einleitung und Schluss zu gestalten. Lassen Sie die Schüler mehrere Beispieltexte im Hinblick auf diese Methoden unter-suchen. Auch hier bietet es sich an, mit Klebezetteln oder Textmarkern zu kennzeichnen, welche Tech-niken bei Titel, Einleitung, Schlussteil und Überleitungen angewendet wurden.

Texte strukturieren – Titel, Einleitung, Schluss und Absätze

Texte strukturieren

Der Titel kann

- das Thema direkt nennen
- das Thema humorvoll oder ironisch präsentieren
- sich auf eine wichtige Person oder ein Ereignis aus der Geschichte beziehen

- eine Formulierung aus einer wichtigen Textpassage aufgreifen und so bereits auf die Textaussage hindeuten
- durch eine Frage oder stilistische Mittel wie Alliteration oder Wortspiele den Leser neugierig machen

Die Einleitung kann beim

fiktionalen Text

- mit einem kurzen Dialog beginnen, in dem ein Konflikt deutlich wird
- den Leser mitten ins Geschehen werfen, z.B. in eine brenzlige Situation oder kurz vor eine wichtige Entscheidung
- eine Szenerie beschreiben, die den Leser bereits auf die kommenden Ereignisse oder den Konflikt innerhalb der Geschichte einstimmt

nicht-fiktionalen Text

- kritische Fragen aufwerfen, die den Leser auf ein Problem stoßen oder ein Thema von einer ganz neuen Seite zeigen
- mit einer kurzen Erzählung, z.B. einer Begebenheit aus dem Alltag, den Leser direkt ansprechen und sein Interesse wecken
- mit einer verblüffenden Tatsache oder einem erstaunlichen Beispiel den Leser für ein Thema gewinnen
- eine lächerliche oder falsche Aussage als Aufhänger nutzen
- ein zum Thema passendes Zitat sein

Texte strukturieren – Titel, Einleitung, Schluss und Absätze

Der Textzusammenhang wird deutlich ...

- wenn der Verlauf der Argumentation durch überleitende Wörter wie „zunächst", „außerdem" und „schließlich" zu Beginn eines neuen Absatzes gekennzeichnet ist
- wenn bereits erwähnte Aspekte wieder aufgegriffen und Bezüge zwischen den einzelnen Textabschnitten hergestellt werden
- wenn sich Schlüsselbegriffe und wichtige Formulierungen durch den Text hindurch wiederholen

Der Schluss kann beim

fiktionalen Text

- die emotionalen Reaktionen oder gewonnenen Erfahrungen des Erzählers/der Hauptfigur wiedergeben
- rückblickend zusammenfassen, wie sich Ansichten oder Überzeugungen verändert haben
- voraussagen, wie sich die Geschehnisse auf die Zukunft des Protagonisten auswirken könnten
- den Text eine überraschende Wendung nehmen lassen

nicht-fiktionalen Text

- Fragen beantworten, die in der Einleitung aufgeworfen wurden
- dem Leser eine Warnung mit auf den Weg geben
- den Leser mit einer interessanten offenen Frage entlassen
- die Textaussage durch eine überraschende Schlussfolgerung bekräftigen
- ein das Thema abschließendes Zitat sein
- einen Ausblick auf die weitere Entwicklung des Themas bieten

Sachtexte verfassen: Jeder ist ein Experte

Problem:
Ihre Schüler sind unter Umständen dazu zu bewegen, Geschichten zu schreiben, aber sie haben enorme Hemmungen, einen Sachtext zu verfassen.

Ziel:
Sie fördern die Schreibfertigkeiten Ihrer Schüler dadurch, dass Sie ihnen mehr Selbstvertrauen vermitteln und auf individuelle Fachkompetenzen aufbauen.

So geht's:
Schüler sind viel leichter zum Schreiben zu bringen, wenn es dabei um ihre eigenen Erfahrungen geht. Nutzen Sie das Mitteilungsbedürfnis Ihrer Schüler, um das Verfassen von Aufsätzen und Sachtexten zu trainieren. Jeder Schüler darf über sein Fachgebiet schreiben. So sind die Grundlagen des Schreibens von Sachtexten leicht zu vermitteln, ohne dass sich einzelne Schüler durch das Thema überfordert fühlen.

Machen Sie den Schülern in der Vorbesprechung deutlich, dass jeder von ihnen Experte für ein bestimmtes Fachgebiet ist. Einige Schüler kennen sich gut mit Fernsehserien aus, andere mit Fußball, wieder andere sind Experten für Sammelbilder oder auch Kochrezepte. Die Fragen nach der eigenen Rolle als Autor, nach dem Leser bzw. dem Zielpublikum, nach der Textform, nach dem Thema und nach der Schreibabsicht oder Textfunktion (siehe Seite 107/108) helfen Schülern, zielgerichtet und konzentriert zu schreiben. Mit dem Schaubild auf Seite 91 fällt es den Schülern leichter, ein eigenes Spezialgebiet zu bestimmen.
Die Schüler sollten ihr jeweiliges Thema in einem weiteren Schaubild in Haupt- und Nebenaspekte gliedern. Dabei können sie zum Beispiel das Arbeitsblatt auf Seite 90 als Vorlage nutzen.

Sachtexte verfassen: Jeder ist ein Experte

Leitfaden zum Verfassen von Sachtexten

Ich als Autor: Ich bin Experte für

_____

Leser/Zielpublikum: Ich schreibe diesen Text für folgende Leser

_____

Textform: Ich schreibe ein/eine/einen

_____

Thema: Ich konzentriere mich auf

_____

**Schreibabsicht/
Textfunktion:** Ich will mit diesem Text

_____

und _____

Beispiel:

Ich als Autor: _Jch bin Experte für Erste Hilfe._

Leser/Zielpublikum: _Jch schreibe diesen Text für Schüler._

Textform: _Beschreibung._

Thema: _Erste Hilfe._

**Schreibabsicht/
Textfunktion:** _Jch möchte, dass Schüler etwas über
Erste Hilfe lernen und werde drei
Erste-Hilfe-Techniken erklären._

Sachtexte verfassen: Jeder ist ein Experte

Ich als Experte

MEIN NAME: _____

das sind meine Hobbys:
_____
_____

in folgenden Ländern/ Städten war ich schon:
_____
_____

diese Sprachen spreche ich:
_____
_____

meine Lieblings-Sportart ist:
_____
_____

diese besonderen Menschen bedeuten mir viel:
_____
_____

meine Lieblingsfächer sind:
_____
_____

ich helfe im Haushalt oft beim:
_____
_____

Zielgerichtete Internetrecherche

Problem:

Ihre Klasse nutzt das Internet zur Themenrecherche – in diesem Fall geht es um Informationen über Erste Hilfe. Ihnen fällt auf, dass einige Schüler dabei wahllos und ineffizient vorgehen. Sie lassen sich leicht ablenken und vergeuden viel Zeit.

Ziel:

Die Schüler lernen, ihre Zeit für Themenrecherche am Computer sinnvoll und effektiv zu nutzen.

So geht's:

Planen Sie gemeinsam mit Ihren Schülern bessere Strategien für eine effektive Computer-Recherche zu erarbeiten. Bevor die Schüler mit ihrer Recherche beginnen, geben Sie ihnen folgende zwei Fragen vor:

1. **Welches Thema will ich untersuchen und welchen Zweck verfolge ich mit meiner Recherche?**
2. **Welches sind meine drei oder vier wichtigsten Fragen zum Thema?**

Mit Hilfe dieser beiden Fragen behalten die Schüler bei der Informationsbeschaffung das Wesentliche im Auge. Das Schaubild (Seite 93) dokumentiert eine gute Vorbereitung auf die gezielte Recherche. Die Schüler können ihre Notizen direkt ins Schaubild einfügen, so wird verhindert, dass sie willkürlich alles Mögliche aufschreiben. Wenn die Schüler mit Schaubildern vertraut sind, können sie die Punkte unter den drei Fragen noch detaillierter ausarbeiten. Das Schaubild hilft den Schülern anschließend dabei, ihren Text in sinnvolle Abschnitte zu gliedern.

Plan zur Internet-Recherche

1. Wie leistet man Erste Hilfe bei Knochenbrüchen?

   a. Art des Bruchs

   b. Wann muss geschient werden?

   c. Wann darf nicht geschient werden?

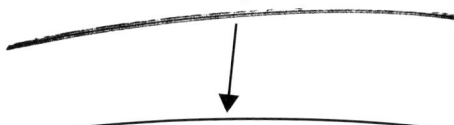

THEMA: ERSTE HILFE

Absicht: Drei Bereiche der Ersten Hilfe erklären

2. Wie leistet man Erste Hilfe bei Fleischwunden?

   a. die Wunde reinigen

   b. übermäßigen Blutverlust durch Abbinden verhindern

   c. Verbände anlegen

   d. Umgang mit Schlangenbissen

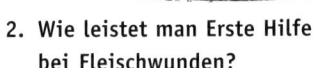

3. Wie leistet man Erste Hilfe bei Verbrennungen?

   a. Art der Verbrennung –
   mögliche Folgen von Verbrennungen

   b. Was bei Verbrennungen zu tun ist: ...

   c. Was man bei Verbrennungen auf keinen Fall tun darf: ...

Schwungvolle Einleitungen schreiben

Problem:
Ihre Schüler schreiben langweilige, farblose Einleitungen für ihre Sachtexte, wie zum Beispiel: „Mit diesem Aufsatz möchte ich …"

Ziel:
Die Schüler üben Einleitungen zu schreiben, die das Interesse des Lesers wecken.

So geht's:
Ihre Schüler wissen bereits, dass sie die eigenen Gedanken zunächst ordnen sollen, bevor sie einen Aufsatz schreiben. Machen Sie ihnen deutlich, dass der erste Abschnitt eines Sachtextes möglichst eine Vorschau auf die nachfolgenden Inhalte bieten sollte. Wenn Sie die Schüler dazu anhalten, den ersten Absatz mit einem schwungvollen Satz zu beginnen, fällt es ihnen meist viel leichter, die gesamte Einleitung interessant zu gestalten.

Insbesondere mit Schülern, die wenig Schreiberfahrung haben, sollten Sie die folgenden Techniken (Seite 95) nochmals intensiv besprechen und üben. Die Schüler üben mit beliebigen Sachtexten und markieren die Einleitung jeweils mit einem Klebezettel, auf dem sie notieren, mit welcher Technik der Autor die Aufmerksamkeit des Lesers gewinnt.

Schwungvolle Einleitungen schreiben

Wie man Sachtexte einleiten kann

TECHNIK	BEISPIEL
A. Eine Frage stellen.	Hast du Hemmungen, wenn du etwas vor einer großen Gruppe vortragen sollst?
B. Mit einer verblüffenden Tatsache beginnen.	Nur wenige Menschen wissen, wie man in der Wildnis überlebt.
C. Eine blödsinnige oder falsche Ansicht wiedergeben.	Viele Menschen glauben, das Internet sei nur etwas für Technikfreaks und Streber. Das ist wirklich albern. Es lohnt sich für jeden, das Internet zu nutzen.
D. Ein passendes Zitat bringen.	„Jeder ist seines Nächsten Hüter." Da es immer das Beste in einem Menschen hervorbringt, wenn er für einen anderen sorgt, sollten wir alle Erste Hilfe lernen. Dann können wir im Notfall anderen helfen.

Methoden eigenverant-
wortlich auswählen

Problem:

Sie stellen der Klasse eine Methode vor, mit der sie eine Aufgabe bearbeiten können – in diesem Fall eine Methode, mit der man Geschichten vorstrukturieren kann. Folgende Schlüsselelemente der Geschichte sollen die Schüler berücksichtigen:

Jemand _____

Wollte _____

Aber _____

Also _____

Einige Schülern jammern herum, dass sie schon wissen, wie man Geschichten schreibt und wollen die Methode deshalb nicht anwenden. Sie möchten Ihren Schülern keine Methoden aufzwingen, wollen aber trotzdem deutlich machen, wie wichtig das Vorstrukturieren eines Textes ist. Die Schüler sollen nachdenken, bevor sie zu schreiben anfangen.

Ziel:

Die Schüler trainieren, sich verantwortungsvoll für eine Methode zu entscheiden, wenn sie mehrere Möglichkeiten haben, eine Aufgabe zu bearbeiten.

So geht's:

Es ist grundsätzlich immer ratsam, die inhaltlichen Anforderungen von der Auswahl an Realisierungsmethoden zu trennen, die den Schülern zur Verfügung steht. Bei dem oben genannten Beispiel müssen die Schüler eine Geschichte mit einer Hauptfigur erfinden, die sich mit einem klar definierten Problem auseinander setzen muss, das dann gelöst wird. Lehrer kennen das Problem, dass Schüler in ihren Geschichten häufig keinen klar umrissenen Konflikt zustande bekommen. Und wenn sie es schaffen, lösen sie ihn oftmals nicht. Für jedes Problem gibt es Methoden, um es zu lösen, und für jeden Schüler findet sich eine geeignete Methode. Die jeweils beste Methode zu finden, ist eine Frage der Übung.

Methoden eigenverantwortlich auswählen

Methoden, die sich darauf beziehen, wie man beim Bearbeiten einer Aufgabe vorgeht, sollten nie verbindlich vorgeschrieben werden. Jeder Lernende arbeitet mit anderen Methoden gut. Im oben genannten Beispiel hat der Lehrer eine Methode zum Vorstrukturieren von Geschichten angeboten. Am besten fragt er die Klasse nun: „Fallen euch noch andere Möglichkeiten ein, wie man eine Geschichte planen kann?" Die Schüler sollten auf jeden Fall auch andere sinnvolle Strategien anwenden dürfen. In dem genannten Fall bevorzugen einige Schüler vielleicht eine grafische Darstellung des Konflikts in der Geschichte mit ansteigender Spannungskurve bis zum Höhepunkt und anschließender Auflösung. Diese visuell ausgerichteten Lerner sollten dann auch mit solchen anschaulichen Darstellungsweisen arbeiten.

Wenn Schüler fragen: „Müssen wir das machen?", sagen Sie ihnen, dass die Aufgabe bearbeitet werden muss, weil es im Lehrplan so vorgesehen ist, dass sie aber selbst entscheiden dürfen, wie sie dabei vorgehen. Erinnern Sie trotzdem noch einmal daran, dass sie sich für eine vernünftige Methode entscheiden müssen, weil eine schlechte Methodenwahl entsprechende Konsequenzen hat. Anhand der folgenden Leitfragen können Ihre Schüler sich auf eine Aufgabe vorbereiten:

- **Was wird bei dieser Aufgabe von mir erwartet?**
- **Wie genau gehe ich vor, um die Aufgabe zu lösen (Ablauf in Einzelschritten)?**

Wenn Ihre Schüler sich regelmäßig auf diese Weise Ziele setzen, lernen sie verantwortungsvolle Entscheidungen zu treffen und die für sie persönlich sinnvollsten Methoden und Strategien herauszufinden.

Fremde Texte lesen, um selbst Texte zu schreiben

Problem:

Für Ihre Schüler sind Lesen und Schreiben zwei vollkommen voneinander getrennte Bereiche. Sie möchten ihnen gerne vermitteln, dass sie bessere Texte
schreiben werden, wenn sie beim Lesen genauer auf die Methoden von
professionellen Autoren achten.

Ziel:

Die Schüler lernen durch aufmerksames und kritisches Lesen publizierter Texte
nützliche Techniken für ihr eigenes Schreiben kennen.

So geht's:

Die Schüler untersuchen Lektüren oder Texte, die sie gerade lesen oder gelesen
haben, auf Schreibtechniken, um diese auch selbst in eigenen Texten anzuwenden.
Die Arbeitsblätter „Texte helfen Schreibprobleme zu lösen" (Seite 99) und „Wie
machen's die Profis?" (Seite 100) helfen Schülern Kernfragen zu formulieren,
die sie dann anhand bekannter Texte beantworten. Lassen Sie die Schüler folgende Fragen in Einzelschritten bearbeiten:

- **1. Schritt:** Formuliere eine wichtige Frage oder ein Problem, das du beim
  Schreiben von Texten hast. Zum Beispiel: „Wie finde ich einen interessanten
  Anfang für meine Geschichte/meinen Text?"
- **2. Schritt:** Suche Beispiele dafür, wie andere Autoren mit diesem Problem
  umgehen. (Siehe dazu die Antworten eines Fünftklässlers auf dem Arbeitsblatt „Wie machen's die Profis?" auf Seite 100. Eine Kopiervorlage finden
  Sie im Anhang.)
- **3. Schritt:** Beschreibe genau, was die Autoren tun.
- **4. Schritt:** Beschreibe, wie dir das Lesen anderer Texte geholfen hat,
  dein Problem zu lösen.

Texte helfen Schreibprobleme zu lösen

Nutze die Texte, die du gerade liest oder bereits gelesen hast, um deine Schreibfertigkeit zu verbessern und Antworten auf deine Fragen zum Schreiben zu finden. Schau mal, wie einige der Autoren, deren Bücher du gelesen hast, die Probleme angehen, die dich beim Schreiben beschäftigen.

Denke an Bücher, die du kennst oder in letzter Zeit gelesen hast. Wie gehen die Autoren dort mit den unten aufgelisteten Problemen beim Schreiben um? Konzentriere dich auf eine Frage, die dich besonders interessiert. Beschreibe, wie die Methoden des Autors dir bei der Beantwortung deiner Frage helfen.

- mit dem Anfang der Geschichte das Interesse des Lesers wecken

- den Schauplatz der Geschichte anschaulich beschreiben

- packende, realistische Dialoge schreiben

- eine Geschichte strukturieren

- einen Konflikt aufbauen

- einen passenden Schluss schreiben

- Anführungszeichen in Dialogen benutzen

- keine eintönigen oder schwer zu lesenden Sätze schreiben

- treffende Begriffe verwenden

- anschaulich machen und darstellen, anstatt zu beschreiben

Fremde Texte lesen, um selbst Texte zu schreiben

Wie machen's die Profis?

Wenn ich Texte schreibe, stelle ich mir folgende Frage oder habe folgendes Problem:

Wie kann ich den Anfang meiner Geschichte spannend gestalten?

Folgende Texte habe ich mir nochmal genau angeschaut, um eine Antwort auf meine Frage zu finden:	Folgende Auszüge aus diesen Texten haben mir bei meinem Problem geholfen und das habe ich aus diesen Beispielen gelernt:
„Der Tag, als Ahmet ein Geheimnis hatte" (Florence Parry Heide und Judith Heide Gilliland)	*„Heute habe ich ein Geheimnis, und den ganzen Tag lang wird mich dieses Geheimnis als ein guter Freund begleiten ..."* *→ (Die Autoren machen mich neugierig, was das wohl für ein Geheimnis ist.)*
und „Die Abfall-Bucht" (W. D. Valgardson)	*„Unerwünscht also", dachte Jim, als er auf der Straße die Dose vor sich her kickte.* *→ (Ich frage mich, wer oder was unerwünscht ist.)* *Man kann eine Geschichte so beginnen, dass sich der Leser über etwas wundert.*

Sich selbst als Autor wahrnehmen

Problem:

Die Schreibkompetenzen Ihrer Schüler stagnieren. Ihre Schüler kennen keine passenden Methoden, mit denen sie sich verbessern können.

Ziel:

Die Schüler ermitteln eigenständig geeignete Strategien zur Verbesserung ihrer Schreibfertigkeit.

So geht's:

Bessere Texte zu schreiben, kann man lernen. Mit folgenden Strategien lässt sich ein effektives Trainingsprogramm zur Verbesserung der Schreibfertigkeit erstellen. Dabei ist zu beachten, dass die Metakognition (das Nachdenken über den Lernprozess) für die Entwicklung der Schreibfertigkeit ebenso wichtig ist wie für die Entwicklung der Lesefertigkeit. Metakognitive Autoren sind in der Lage zu beschreiben, wie sie schriftliche Aufgaben bearbeiten und welche Strategien sie vor, während und nach dem Verfassen eines Textes anwenden. Diese Strategien variieren selbstverständlich je nach Textform und Art der schriftlichen Aufgabe.

In der Fachliteratur für den Deutschunterricht wird häufig betont, dass die Vermittlung von Schreibstrategien an die Erfahrungen guter Autoren anknüpfen und berücksichtigen sollte, was sie vor dem Schreiben, währenddessen und danach tun. Lassen Sie Ihre Schüler herausfinden, mit welchen Strategien sie persönlich am besten arbeiten können.

Sich selbst als Autor wahrnehmen

Vor dem Schreiben

Diese Strategien berücksichtigen, dass Autoren sich erst erarbeiten und dann darauf konzentrieren müssen, was genau sie in ihrem Text sagen wollen.

- Hintergrundwissen zum Thema und zum formalen Aufbau der Textsorte in Erinnerung rufen oder aneignen.
- Mit freiem Schreiben experimentieren – zum Beispiel in Tagebucheinträgen: bei dieser Form des Schreibens geht es eher um ein Entdecken als darum, Inhalte zu vermitteln (häufig entstehen aus spielerischen Ideen und Schreibübungen Konzepte für vollständige Texte).
- Voraussetzungen und Rahmenbedingungen klären, wie die eigene Rolle als Autor, Zielpublikum, Textform, Thema und Schreibabsicht bzw. Funktion des Textes.
- Eine Methode für das Vorstrukturieren des Textes wählen, zum Beispiel eine grafische Darstellung, Brainstorming, Notizen zur Recherche oder freies Schreiben.

Beim Schreiben

Diese Strategien helfen, die Schreibarbeit zu strukturieren und den Schreibprozess zu organisieren.

- Beim Schreiben einen Rand lassen und möglichst immer eine Zeile freilassen – so kann man den Text leichter überarbeiten.
- Gegebenenfalls mit dem Teil des Textes beginnen, der einem am wenigsten Schwierigkeiten bereitet – Jeder Verfasser sollte sich klar machen: Er selbst entscheidet, in welcher Reihenfolge er seinen Text schreibt. Viele Autoren schreiben zum Beispiel die Einleitung zuletzt.
- Vorläufig Lücken stehen lassen, wenn die Wortwahl schwer fällt – Es ist zunächst wichtiger, seine Gedanken zu Papier zu bringen, als am Ausdruck zu feilen.
- Vor dem Weiterschreiben immer noch einmal lesen, was man bislang geschrieben hat.
- Die Notizen, die beim Vorschreiben entstanden sind, zu Hilfe nehmen und ausarbeiten.

Sich selbst als Autor wahrnehmen

Nach dem Textentwurf

Diese Strategien verdeutlichen, wie gute Autoren eigene Texte anschließend als Kritiker lesen und überarbeiten.

- Den Text noch einmal lesen und überprüfen, ob man sich klar ausgedrückt hat, ob der Text gut gegliedert ist und ob Wortwahl, Satzbau, Rechtschreibung und Zeichensetzung korrekt sind.
- Sich mit anderen besprechen, um den Text zu verbessern: Vielen hilft es, den Text nochmal zusammen mit einem Partner durchzusehen, aber manche überarbeiten Texte lieber und besser allein.
- Die wesentlichen formalen Kriterien nochmal auf Stimmigkeit überprüfen: die eigene Rolle als Autor, Zielpublikum, Textform, Thema und Schreibabsicht bzw. Funktion des Textes.

Ähnlich wie bei der Bewertung der Lesefertigkeit, können Sie auch bei der Bewertung der schriftlichen Leistungen das Vorgehen beim Schreiben in ihre Bewertung mit einbeziehen. Lassen Sie Ihre Schüler dazu jeweils aufschreiben, welche Strategien sie vor, während und nach dem Verfassen eines bestimmten Textes angewendet haben. So erkennen Sie, inwieweit sie in der Lage sind, ihren eigenen Schreibprozess zu beobachten und zu beschreiben. Und Sie werden auch hier feststellen, dass Schüler, die erläutern können, wie sie beim Schreiben vorgehen, die besseren Autoren sind. Fördern Sie metakognitives Schreiben mit Hilfe des folgenden Arbeitsblatts; eine Kopiervorlage finden Sie im Anhang.

Sich selbst als Autor wahrnehmen

Wie ich mich selbst als Autor wahrnehme

Titel des Textes: *Zeitungsartikel*

- **Strategien, die ich vor dem Schreiben angewendet habe:**
  Zuerst habe ich ein Brainstorming gemacht und alle wichtigen Begriffe aufgeschrieben. Anschließend habe ich das Thema in einem Schaubild strukturiert und in Hauptaspekte und Unteraspekte gegliedert. Außerdem habe ich mir Gedanken über die formalen Kriterien des Textes gemacht, wie die eigene Rolle als Autor, Zielpublikum, Textform, Thema und Schreibabsicht bzw. Funktion des Textes. Dann habe ich mich in Ruhe auf das Thema konzentriert.

- **Strategien, die ich beim Schreiben angewendet habe:**
  – Ich habe versucht, mich immer auf das Thema zu konzentrieren,
  – keine überflüssigen oder nichtssagenden Begriffe oder eintönige Wiederholungen zu benutzen,
  – dem Leser die Dinge möglichst anschaulich zu vermitteln.

- **Strategien, die ich nach dem Schreiben angewendet habe:**
  – Ich habe anschließend Rechtschreibung, Zeitformen, Zeichensetzung und Satzbau noch einmal kontrolliert,
  – nichtssagende oder ungenaue Begriffe durch treffende und anschauliche ersetzt,
  – den Text abschließend noch einmal durchgelesen.

- **Meine Schreibziele für zukünftige Texte:**
  Geschichten schreiben, die man immer wieder lesen möchte.

- **Was ich über mich selbst als Autor gelernt habe:**
  Ich kann meine Gefühle und Gedanken beim Schreiben gut ausdrücken.

Lernverträge für differenzierten Unterricht

Problem:

Das Leistungsspektrum der Schüler in Ihrer Klasse ist breit gefächert. Während einige große Mühe mit dem Lesen und Schreiben haben, übersteigt die Lese- und Schreibfertigkeit anderer durchaus das Jahrgangsniveau.

Ziel:

Der Einsatz von Lernverträgen hilft Ihnen, differenzierten Unterricht zu gestalten.

So geht's:

Richten Sie feste Zeiten für differenzierten Unterricht ein, in denen die Schüler individuelle Lernverträge erfüllen. Im Folgenden ist der Lernvertrag eines Schülers der fünften Klasse abgebildet. Eine Kopiervorlage finden Sie im Anhang. Legen Sie im Vertrag Thema, Ziele, Hilfsmittel, Bewertung und zulässige Zeit genau fest. Ein Schüler oder eine Schülergruppe könnte beispielsweise einen Vertrag über die Anfertigung eines Comics abschließen. Ein weiterer Schüler verfasst vielleicht ein kleines Referat. Jemand anderes arbeitet mit einer Vorlage oder einem Handbuch, um bestimmte Bereiche seiner Schreibfähigkeit zu verbessern, wie zum Beispiel Absätze schreiben. Der gewährte Zeitrahmen richtet sich jeweils nach der Komplexität der Aufgabe. Wenn Schülern umfangreiche Recherche-Möglichkeiten (z.B. auch das Internet) zur Verfügung stehen, kann man besonders effektiv mit Lernverträgen arbeiten. Wenn Sie regelmäßig mit Lernverträgen arbeiten, können Sie auch Aufgaben-Ordner einrichten, aus denen die Schüler speziell auf ihre Erfordernisse zugeschnittene Aufgaben auswählen können.

Lernvertrag

Referat über *Anne Frank*
Name: *Maria*   **Klasse:** *5a*

THEMA/ZIELE:
Ich verpflichte mich dazu, innerhalb des gegebenen Zeitrahmens folgende Aufgabe zu bearbeiten:

Ich werde für mein Referat drei Informationsquellen nutzen, mir Notizen machen, eine Gliederung schreiben und versuchen, daraus ein Referat zu erstellen.

ZEITRAHMEN:
Ich werde meine Arbeit spätestens am *21. Mai (in zwei Wochen)* **abgeben.**

HILFSMITTEL:
Ich werde folgende Texte, Medien, Fachleute und das Internet für meine Arbeit nutzen:

Ich werde drei Informationsquellen nutzen, davon mindestens zwei Bücher und einen Artikel aus dem Internet. Ich werde mit dem „Tagebuch der Anne Frank" und einem Internetartikel der Stiftung „Anne Frank Haus" in Amsterdam (www.annefrank.nl) arbeiten.

BEWERTUNG:
Meine Arbeit wird nach folgendem Schema (zu erreichende Punktzahl) bewertet:

Gestaltung der Titelseite: _/3   Schlussteil: _/5

Einleitung: _/5   verwendete Hilfsmittel: _/2

Drei Themen: _/5   Rechtschreibung und Grammatik: _/5

Hinweis: Wenn ein Bewertungsraster festgelegt wurde, reiche ich eine Selbsteinschätzung meiner Arbeit mit dem Bewertungsraster zusammen ein.

Rahmenbedingungen und Ausdrucksmöglichkeiten

Problem:
Die Texte Ihrer Schüler, darunter auch Referate, klingen unbeholfen und sind oft wenig aussagekräftig.

Ziel:
Wenn Ihre Schüler die Rahmenbedingungen und Voraussetzungen für das Schreiben eines Textes klar vor Augen haben, fällt es ihnen erheblich leichter, lebendige und aussagekräftige Texte zu verfassen.

So geht's:
Die Schüler sollen in ihren Texten unterschiedliche Erzählperspektiven einnehmen, unterschiedliche Leser ansprechen, unterschiedliche Schreibabsichten verfolgen und mit unterschiedlichen Textsorten arbeiten. Lassen Sie Ihre Schüler zum Beispiel anstelle eines klassischen Referats über den Blutkreislauf einen Brief verfassen, in dem ein erfahrenes rotes Blutkörperchen einem jungen roten Blutkörperchen interessante Stationen auf seiner Reise durch den Körper beschreibt.
Einen Text über die Schulausbildung in Japan könnten die Schüler auch in Form eines fiktiven Tagebucheintrages von einem zwölfjährigen japanischen Schüler schreiben, der einen typischen Schultag schildert.
Die folgenden Kriterien für das Schreiben eines Textes helfen den Schülern, zielgerichtet und aussagekräftig zu schreiben:

➡ **Erzählperspektive/eigene Rolle als Autor:** Aus wessen Perspektive schreibe ich? Aus meiner eigenen? Aus jemand anderes Sicht?

➡ **Leser/Zielpublikum:** An wen richte ich mich? Was für eine Beziehung habe ich zu diesem Publikum? Muss ich beim Schreiben eine bestimmte Form wahren oder kann ich informell schreiben?

➡ **Textform:** Welche Textsorte ist vorgeschrieben bzw. passt am besten? Schreibe ich eine Geschichte, einen Aufsatz, einen Brief oder etwas anderes?

➡ **Thema:** Worüber schreibe ich?

➡ **Schreibabsicht/Textfunktion:** Was ist meine Schreibabsicht? Was genau will ich mit diesem Text erreichen?

Rahmenbedingungen und Ausdrucksmöglichkeiten

Die Überprüfung dieser Rahmenbedingungen und Voraussetzungen bietet den Schülern zwei große Vorteile: So konzentrieren sie sich auf den Schreibauftrag und bekommen zugleich Ideen und Anregungen für ihren Text. Die beiden folgenden Texte „Der Weihnachts-Taschendieb – Das Opfer" und „Der Weihnachts-Taschendieb – Der Täter" stammen von ein und demselben Autor. Sie zeigen sehr anschaulich, wie sich ein Thema verändert, wenn es aus einer anderen Perspektive dargestellt wird. Sprechen Sie mit den Schülern darüber, wie sich die Inhalte für ein beliebiges Thema mit jedem anderen Publikum oder durch eine neue Erzählperspektive verändern.

Der Weihnachts-Taschendieb – Das Opfer

Am 24. Dezember war die letzte Gelegenheit vor unserer Rückkehr nach Hause, noch Weihnachtseinkäufe zu tätigen. Darlene und ich hatten vier schöne Tage in Paris verbracht und brachen nun zu einem abschließenden Einkaufsbummel auf, bevor es wieder zum Flughafen ging. Wir hatten uns schon zu wahren Experten des Pariser Metronetzes entwickelt. Die Linie LaMotte-Grenelle verlief in der Nähe unseres Hotels und bot die schnellste Verbindung zum Lafayette Einkaufszentrum. Wir zwängten uns durch die Drehkreuze und gingen die Treppe zum Bahnsteig hinunter. Es fuhr gerade kein Zug, also setzten wir uns auf eine Bank beim Treppenaufgang.

Auf dem Bahnsteig war nicht viel los, nur wenige Fahrgäste warteten auf die Metro. Schon bald konnte man hören, wie der Zug auf unsere Haltestelle zugepoltert kam. Er raste heran und der letzte Waggon kam ein paar Meter neben der Stelle zum Stehen, wo wir gesessen hatten. Schnell gingen wir auf die Tür zu und stiegen in das letzte Abteil.

In den nächsten zehn Sekunden schienen tausend Dinge auf einmal zu passieren. Als ich ins Abteil stieg, hörte ich ein dumpfes Geräusch. Es klang so, als fiele etwas aus Metall auf den Boden des Waggons. Ich schaute kurz hinunter, konnte aber nichts sehen. Im selben Moment wurde ich von hinten leicht geschubst – so, als ob eine Person versuchte, den Gegenstand aus Metall wieder aufzuheben, den ich nicht sah.

Mir kam es sofort komisch vor, dass der Mann so hastig um meine Füße herumfingerte, – um was immer es auch sein mochte, wieder aufzuheben – weil der Zug doch relativ leer war und ich gern zur Seite gegangen wäre. Er aber fuchtelte weiter in der Nähe meiner Füße herum und ich fand sein Benehmen höchst eigenartig. Plötzlich durchfuhr es mich wie ein Blitz: Ich fasste mir reflexartig an die rechte hintere Hosentasche und prüfte, ob meine Brieftasche noch da war. Sie war nicht mehr da. Ich wirbelte herum und sah einem jungen dunkelhaarigen Mann direkt ins Gesicht, der nur wenige Zentimeter hinter mir stand.

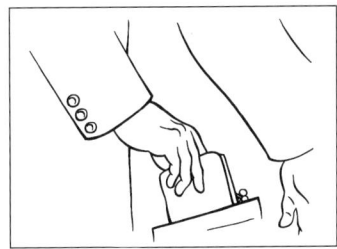

Einem Instinkt folgend packte ich den jungen Mann mit der rechten Hand am Arm. Ich dachte nicht einmal bewusst an einen Raubüberfall, Taschendiebe oder Diebe. Es muss mein Unterbewusstsein gewesen sein, das mir sagte, was geschehen war.

Als ich den jungen Mann am Arm packte, lächelte er und sagte: „Tut mir Leid". Dann hob er langsam seine andere Hand, in der er eine hellbraune Brieftasche hielt – meine! Eine ungläubige Millisekunde lang war ich total verblüfft, sie da in der Hand des Fremden zu sehen. Ich ließ seinen Arm los und schnappte mir meine Brieftasche. Ich öffnete sie mit meiner anderen Hand und sah, dass alles noch da war – mein Geld und meine Kreditkarten. Als ich wieder hoch sah, war der junge Mann aus dem Zug gestiegen und die Türen schlossen sich wieder. Er lächelte mich noch einmal an und ging weg, als der Zug zur nächsten Haltestelle losfuhr.

Mein Herz schlug normal, ich schwitzte nicht und ich hatte das Gefühl, alles unter Kontrolle zu haben. Den anderen Mann, der mit dem Dieb zusammengearbeitet haben musste, hatte ich in der Eile nicht einmal gesehen. Und die anderen Leute im Zug, die alles mit angesehen hatten, schauten unbeteiligt, abwesend und gleichgültig drein. Binnen zehn Sekunden war ich zu jemandem geworden, der ein Verbrechen verhindert hatte. Nicht übel!

Rahmenbedingungen und Ausdrucksmöglichkeiten

Der Weihnachts-Taschendieb – Der Täter

Der 24. Dezember ist ein großartiger Tag fürs Geschäft. Mein Kumpel Jean-Claude und ich sind professionelle Taschendiebe und arbeiten in der Pariser Metro. Am Weihnachtsabend sieht man überall auf den Straßen Leute, die in letzter Minute ihre Weihnachtseinkäufe erledigen. Sie haben reichlich Bargeld dabei und wollen auf den letzten Drücker noch ein Schnäppchen machen.

Wir arbeiten aus mehreren Gründen an der Haltestelle LaMotte-Grenelle. Die Treppe führt direkt von der Straße auf den Bahnsteig und bietet damit einen guten Fluchtweg, falls etwas schief gehen sollte. Außerdem liegt LaMotte in der Nähe des Eiffelturms und die vielen Touristen sind meist leichte Beute.

Als wir die Treppe zur Metro hinuntergingen, fiel unser Blick auf einen älteren Mann der auf einer Bank bei der Treppe saß. Er trug eine recht teure Lederjacke und hatte einen Straßenplan von Paris in der Tasche – ganz klar: ein Tourist. Als wir hörten, wie der Zug näher kam, gingen wir auf Position. Der alte Herr war in Begleitung seiner Frau unterwegs. Er stand behäbig auf, schlurfte aber rasch zur Tür des letzten Abteils. Jean-Claude stellte sich dicht hinter ihn und ich wartete ein paar Schritte weiter hinten. Ein guter Taschendieb arbeitet flink, zielgerichtet und sehr geschickt.

Gleich beim Einsteigen in den Zug ließ Jean-Claude „aus Versehen" sein teuer aussehendes goldenes Feuerzeug zwischen die Füße des alten Mannes fallen. Es schlug dumpf auf und der Mann schaute nach unten, um nachzusehen, was es war. Jean-Claude tat so, als würde er das Feuerzeug zwischen seinen Füßen aufheben. Das Opfer war verdutzt, weil der Mann am Boden ihn leicht anstieß, und spürte nicht, wie ich mich direkt hinter ihn schob.

Während Jean-Claude weiter seine kleine Show abzog und an den Füßen des Opfers herumfuchtelte, schubste ich den Herrn ganz leicht, lüftete dabei seine Jacke und zog blitzschnell seine dicke, braune Brieftasche heraus. Der perfekte Diebstahl.

Dann wendete sich das Blatt! Plötzlich fuhr der alte Mann herum und schaute mir direkt in die Augen. Wie eine Waffe schoss sein rechter Arm hervor und packte meinen Arm. Das war kein gewöhnlicher Tourist. Er muss einmal Polizist, Detektiv oder Agent gewesen sein, um so schnell zu begreifen, was vor sich ging. Ich wusste, ich war in ernsthaften Schwierigkeiten. Da sein Griff immer fester wurde, hatte ich nur eine Möglichkeit. Ich hielt mit der linken Hand seine Brieftasche hoch, damit er sie sehen konnte und murmelte: „Tut mir Leid". Er blieb ganz ruhig und konzentriert. Dann befreite er gleichzeitig meinen Arm aus seinem schraubstockartigen Griff und schnappte sich seine Brieftasche aus meiner Hand. Nun ertönte das Warnsignal, dass die Türen gleich schließen. Im nächsten Moment ließen die stählernen Augen des Mannes kurz von mir ab, um den Inhalt seiner Brieftasche zu prüfen. Ich nutzte diese Sekunde, um aus dem Zug zu steigen. Als sich die Türen schlossen, machte mein Herz einen Hüpfer. Der alte Mann bewegte sich nicht, sondern schaute mich nur weiter kalt durch das Waggonfenster an.

Jean-Claude und ich rasten los: die Treppe hoch und dann auf die Straße in Sicherheit. Dieses Opfer war kein gewöhnlicher Tourist, aber ich werde nie erfahren, wer er war!

Leben und Ausdruck in schriftliche Arbeiten bringen

Problem:
Die Texte Ihrer Schüler sind sachlich korrekt geschrieben, klingen aber langweilig und ausdruckslos. Sie wollen mit Ihrer Klasse in zukünftigen schriftlichen Aufgaben verstärkt am Ausdrucksstil arbeiten.

Ziel:
Ihre Schüler lernen sich auszudrücken und arbeiten an ihrem eigenen Schreibstil.

So geht's:
Besprechen Sie wichtige Kriterien des schriftlichen Ausdrucks mit Ihren Schülern und untersuchen Sie anschließend an Beispielen, wie der Autor seine eigene Stimme im Text zur Wirkung bringen kann:

- ➡ **Gefühle zum Ausdruck bringen**
- ➡ **authentisch und mit Überzeugung schreiben**
- ➡ **gesprochene Sprache in Erzähltexten realistisch wiedergeben**
- ➡ **auf Details achten, persönliche Wortwahl und Bildhaftigkeit einsetzen**

Um Ihren Schülern einen guten Schreibstil nahe zu bringen, arbeiten Sie mit einem Musterbeispiel oder einer Schülerarbeit, in der die Stimme des Autors besonders deutlich ist. Funktionieren Sie den Text zu einem Lückentext um, indem Sie einige sehr persönliche Formulierungen weglassen. Nachdem die Schüler diese Lücken ausgefüllt haben, vergleichen sie mit dem Originaltext. Sie können auch mit dem folgenden Beispieltext „Ausgenutzt" arbeiten. Anschließend sollen die Schüler versuchen, typische Kriterien für den individuellen schriftlichen Ausdruck und Schreibstil auf einen ihrer eigenen Texte anzuwenden.

Eine Liste mit Kriterien zur Selbsteinschätzung finden Sie auf S. 115, ein Bewertungsraster für den schriftlichen Ausdruck bzw. Schreibstil auf S. 116–118.

Ausgenutzt

Es war 1998 und was noch wichtiger war: Ich kam in die achte Klasse. Ich trug meine gesamten Schulsachen in einer Tasche auf dem Rücken und ging zur Schule. Unter meinen Füßen knirschten die Blätter. Ich weiß nicht, wie es anderen geht, aber ich liebe dieses Geräusch. Leider hasste ich damals die Schule. Ich musste an das lange Jahr denken, das mir bevorstand, und wünschte mir, dass es so leicht sein würde, wie die siebte Klasse.

Als Erstes sah ich mich nach neuen Mitschülern um – besonders natürlich nach Mädchen! Mir fiel ein neues Mädchen auf, von dem ich gleich dachte: Wäre nett, die mal kennen zu lernen. Dann wurde ich abgelenkt und drehte mich unwillkürlich zu der anderen Sitzreihe neben mir um. Da sah ich dieses Mädchen. Sie hatte das schönste Gesicht der Welt. OK, vielleicht nicht so umwerfend schön, aber ihre Augen waren so sanft, dass ich mich auf der Stelle in sie verliebte. Dann ging ich rüber zu meinen Freunden und wir erzählten uns alles, was wir in den Ferien gemacht hatten – es artete fast in einen Wettstreit darum aus, wer am meisten auf dem Sofa abgehangen hatte! Dann dachte ich wieder an dieses Mädchen und fragte meine Freunde, was sie von ihr hielten... sie war ihnen gar nicht aufgefallen.

Die ganzen nächsten Tage konnte ich nur dasitzen und sie anhimmeln. Ich starrte sie die ganze Zeit an. Sie besuchte denselben Hauswirtschaftskurs wie ich, Mann, hatte ich ein Glück! Ich sah sie über den Tisch hinweg an und dann erwiderte sie doch tatsächlich meinen Blick. Sie lächelte mich an und ich war völlig fasziniert. Ich war wie eine willenlose Marionette in ihrer Hand.

Leben und Ausdruck in schriftliche Arbeiten bringen

An diesem Tag sprach sie mich nach der Schule an. Sie bot an, dass wir zusammen zur Bushaltestelle gehen könnten. Als wir ankamen, erzählte sie mir, dass sie kein Geld für den Bus habe, aber in die Stadt fahren müsse. Also gab ich ihr meine Monatskarte.

Das bedeutete zwar, dass ich zu Fuß gehen musste, aber ich wartete trotzdem noch mit ihr zusammen auf den Bus. Als der Bus dann kam, rief ich meine grauen Zellen in Aktion und ließ mir etwas einfallen. Ich erzählte dem Fahrer, ich hätte meine Karte zu Hause vergessen, aber er ließ mich nicht einsteigen. Ihretwegen lief ich also mehrere Kilometer zu Fuß nach Hause. Hatte sie mich nur ausgenutzt?

Am nächsten Morgen musste ich zur Schule laufen. Als ich ankam, ging ich auf sie zu und bat um meine Monatskarte. Ich war schon schwer erleichtert, als ich die Karte nur sah. Etwas später in diesem Monat ließ ich das Ganze noch einmal mit mir machen. Beim dritten Mal fiel dann endlich der Groschen.

Schüler der 9. Klasse

Kriterien zur Selbsteinschätzung deines Schreibstils

Schreibe die folgenden Aspekte auf selbstklebende Zettel.
Markiere dann in deinem Text, wo entsprechende Passagen zu finden sind:

Dieser Satz
zeigt am deutlichsten,
dass ich das Thema
wichtig nehme.

Diese Einzelheiten
würden andere
wahrscheinlich nicht
sehen und nennen.

Dieser Satz zeigt
am besten meine
oder die Gefühle
meiner Figur.

Diese Formulierung
ist sehr ungewöhnlich,
persönlich oder lustig
(sofern das dem Text
angemessen ist).
Finde zwei solche Begriffe!

Dieser Satz gibt
am besten meine
Persönlichkeit oder die
meiner Figur wieder.

Dieser Satz ist ein
gutes Beispiel dafür,
dass ich etwas
anschaulich darstelle,
anstatt es bloß
zu beschreiben.

Leben und Ausdruck in schriftliche Arbeiten bringen

Bewertungsraster für den schriftlichen Ausdruck bzw. Schreibstil

PERSÖNLICHE AUSEINANDERSETZUNG MIT DEM THEMA

☺ *Sehr gut – höchstes Niveau*
Der gesamte Text lässt deutlich erkennen, dass der Schüler das Thema wichtig nimmt und sich durchweg ernsthaft damit auseinander setzt.

☺ *Gut – hohes Niveau*
Der gesamte Text lässt erkennen, dass der Schüler das Thema wichtig nimmt und sich ernsthaft damit auseinander setzt.

☺ *Mittelmäßig – mittleres Niveau*
Der Text lässt erkennen, dass der Schüler das Thema im Wesentlichen wichtig nimmt und bemüht ist, sich ernsthaft damit auseinander zu setzen.

☹ *Schwach – unteres Niveau*
Der Text lässt nicht oder nur unzureichend erkennen, dass der Schüler das Thema wichtig nimmt. Er setzt sich nicht ernsthaft genug damit auseinander.

EINBRINGEN VON GEFÜHLEN

☺ *Sehr gut – höchstes Niveau*
Der Schüler bringt stets dem Text angemessene Gefühle zum Ausdruck.

☺ *Gut – hohes Niveau*
Der Schüler bringt dem Text angemessene Gefühle zum Ausdruck.

☺ *Mittelmäßig – mittleres Niveau*
Der Schüler bringt in der Regel dem Text angemessene Gefühle zum Ausdruck.

☹ *Schwach – unteres Niveau*
Der Schüler bringt nicht immer dem Text angemessene Gefühle zum Ausdruck.

WORTWAHL

☺ *Sehr gut – höchstes Niveau*
Der Schüler achtet durchweg auf eine individuelle, treffende Wortwahl und vermeidet sorgfältig Klischees.

☺ *Gut – hohes Niveau*
Der Schüler achtet auf eine individuelle, treffende Wortwahl und vermeidet Klischees.

☺ *Mittelmäßig – mittleres Niveau*
Der Schüler bemüht sich um eine individuelle, treffende Wortwahl und versucht, Klischees zu vermeiden.

☹ *Schwach – unteres Niveau*
Der Schüler bemüht sich nicht oder nur selten um eine individuelle, treffende Wortwahl und verfällt häufig in Klischees.

UMGANG MIT DETAILS UND BILDHAFTIGKEIT

☺ *Sehr gut – höchstes Niveau*
Der Schüler verwendet ausschließlich aussagekräftige Details und wählt stets anschauliche, passende Bilder.

☺ *Gut – hohes Niveau*
Der Schüler verwendet aussagekräftige Details und wählt anschauliche, passende Bilder.

☺ *Mittelmäßig – mittleres Niveau*
Der Schüler bemüht sich, aussagekräftige Details zu verwenden und wählt im Wesentlichen anschauliche, passende Bilder.

☹ *Schwach – unteres Niveau*
Der Schüler verwendet wenig aussagekräftige Details und wählt selten anschauliche, passende Bilder.

Leben und Ausdruck in schriftliche Arbeiten bringen

STIMME

☺ *Sehr gut – höchstes Niveau*
Laut vorgelesen bringt der Text sehr deutlich und absolut überzeugend die individuelle Stimme der Hauptfigur oder des Autors zum Ausdruck.

☺ *Gut – hohes Niveau*
Laut vorgelesen bringt der Text deutlich und überzeugend die individuelle Stimme der Hauptfigur oder des Autors zum Ausdruck.

☺ *Mittelmäßig – mittleres Niveau*
Laut vorgelesen gibt der Text im Wesentlichen die individuelle Stimme der Hauptfigur oder des Autors wieder.

☹ *Schwach – unteres Niveau*
Laut vorgelesen gibt der Text kaum und wenig überzeugend die individuelle Stimme der Hauptfigur oder des Autors wieder.

Ausdrucksmöglichkeiten finden

Teil C:

Sprechen und Zuhören

Übersicht Teil C:
Sprechen und Zuhören

Sprechen und Zuhören werden als Lernkompetenzen in der Schulausbildung immer noch allzu häufig vernachlässigt. Dabei sind diese Fertigkeiten wesentlich für das tägliche Leben. Außerdem sind Sprechen und Zuhören wichtigste Grundlage und Voraussetzung für die erfolgreiche Bewältigung von schriftlichen Aufgaben und Lese-Aufgaben. Hier werden Tipps und Übungen für das Sprechen und Zuhören in formellen und formlosen Zusammenhängen vorgestellt.

Aufmerksames Zuhören fördern

Die hier vorgestellten Aktivitäten helfen Schülern zu erkennen, wie wichtig aufmerksames Zuhören ist – besonders bei Arbeitsanweisungen.

- ➡ **Unterrichtsgespräche aufmerksam verfolgen** (S. 121/122)
- ➡ **Aufgaben in eigenen Worten formulieren** (S. 123/124)

Vorlesen und Vortragen vor Publikum trainieren

Kurze mündliche Vorträge und Referate sind Teil der Lehrplananforderungen. Die Aktivitäten in diesem Abschnitt zeigen, wie durchdachte mündliche Vorträge sich positiv auf das Lesen und Schreiben auswirken.

- ➡ **Positive Vorleseerfahrungen machen** (S. 125 – 128)
- ➡ **Hörbücher für leseschwache Schüler nutzen** (S. 129)
- ➡ **Drehbücher schreiben und vortragen** (S. 130/131)
- ➡ **Vorlesetheater – Sprechen vor Publikum üben** (S. 132/133)

Kooperatives Lernen und Teamarbeit üben

Die Bedeutung von Gruppenarbeit und kooperativem Lernen wird in letzter Zeit immer deutlicher. Nicht nur Unternehmensleiter, auch Pädagogen erkennen Teamarbeit als wichtige Qualifikation. Die Aktivitäten in diesem Abschnitt trainieren die effektive Zusammenarbeit mit anderen.

- ➡ **Erfolgreiche Teamarbeit leisten** (S. 134/135)
- ➡ **Über Texte sprechen und diskutieren** (S. 136)
- ➡ **Denk- und Vorgehensweisen diskutieren** (S. 137)
- ➡ **Methoden für kooperative Kleingruppenarbeit** (S. 138/139)

Unterrichtsgespräche aufmerksam verfolgen

Problem:
In einer Klassendiskussion wiederholen Sie kurz zuvor behandelte Inhalte. Während Sie die Klasse befragen und die Schüler auch eigene Fragen stellen dürfen, machen Sie an der Tafel Notizen. Sobald jemand eine Frage stellt, schießen zwar gleich ein, zwei Finger in die Höhe, andere Schüler aber sind gleichgültig oder unaufmerksam: Es gibt immer einige Schüler, die über etwas völlig anderes „quatschen".

Ziel:
Alle Schüler der Klasse werden durch gezielte Aufgaben dazu gebracht, sich aufmerksam am Unterrichtsgespräch zu beteiligen.

So geht's:
Sorgen Sie dafür, dass sich alle Schüler auf die Diskussion konzentrieren, indem Sie die Klasse zu Beginn der Wiederholungsstunde auffordern, sämtliche Fragen zu notieren, die im Verlauf des Unterrichtsgesprächs aufkommen. Die Schüler müssen anschließend versuchen, Antworten auf diese Fragen zu finden, dafür steht ihnen allerdings nur begrenzte Zeit zur Verfügung. Beobachten Sie die Schüler dabei, um sicherzugehen, dass auch alle mitmachen. Denken Sie immer an den wichtigsten Grundsatz, wenn Sie aufmerksames Zuhören bei Schülern fördern wollen: Stellen Sie Aufgaben, die sich nur durch Zuhören bewältigen lassen. Sie könnten die Schüler auch auffordern, die wichtigsten Aspekte der Diskussion aus ihren Notizen herauszuarbeiten.

Damit sich die Schüler über wichtige Punkte austauschen, die sie notiert haben, nehmen Sie zuerst Schüler an die Reihe, die sich nicht gern freiwillig melden. Jeder Schüler soll mindestens eine neue Erkenntnis nennen, die er aus der Diskussion gewonnen hat. Nach der Wiederholungsphase überlegen die Schüler, wie sich ihre Antworten am besten gliedern lassen. Dabei kann ein Schaubild, wie das auf der folgenden Seite, nützlich sein.

Vorlage zur Gliederung

Frage
_____
_____

THEMA
_____
_____

Frage
_____
_____

Aufgaben in eigenen Worten formulieren

Problem:

Wenn Sie der Klasse eine Aufgabe stellen, beginnen die meisten Schüler auf ihren Blättern herumzukritzeln und haben ganz offensichtlich keinen klaren Plan, wie sie vorgehen sollen. Auf die Idee, sich erst genau zu überlegen, was bei einer Aufgabe erwartet wird, kommen die Schüler nicht.

Ziel:

Ihre Schüler beginnen erst dann damit, eine Aufgabe zu bearbeiten, wenn sie genau verstanden haben, was bei der Aufgabe erwartet wird.

So geht's:

Wenn Sie Ihren Schülern eine neue Aufgabe stellen, lassen Sie sie diese zunächst umformulieren: Die Schüler werden die Aufgabe besser verstehen, wenn sie mit eigenen Worten beschreiben, worum es geht. Nehmen Sie nacheinander mehrere Schüler an die Reihe, die jeweils etwas ergänzen, korrigieren oder den anderen Schülern mit eigenen Argumenten bestätigen. „Ich versteh das genauso", ist keine akzeptable Antwort.

Sie können dieselbe Übung auch mit etwas mehr Schwung durchführen:
Die Schüler sitzen im Kreis. Werfen Sie einem Schüler einen Ball zu, dieser Schüler erklärt nun den anderen, wie er die Aufgabe versteht. Anschließend wirft er den Ball einem anderen Schüler zu, der dann seine Erklärung zum Besten gibt, und so weiter. Nach dieser Übung schreiben die Schüler die Aufgabe in ihr Heft und machen einen genauen Arbeitsplan, in dem sie die Aufgabe in sinnvolle Einzelschritte aufteilen. Viele Schüler sind visuell ausgerichtete Lerner und finden Schaubilder hilfreich. Damit können sie sich bei Aufgaben, die sie gerade bearbeiten, besser auf das Wesentliche konzentrieren und die einzelnen Schritte erfolgreich planen. Sie können auch die ganze Klasse ein Ablaufprotokoll wie das folgende ausfüllen lassen. Eine Kopiervorlage finden Sie im Anhang.

Aufgaben in eigenen Worten formulieren

Arbeitsplan

Aufgabe: _Buchpräsentation_

Hilfsmaterial/Voraussetzungen:

Abgabetermin: _6. Oktober_

Reihenfolge/Ablauf:

Datum: 1.Oktober	1. Zuerst sehe ich mir das Buch noch einmal an und plane meinen Vortrag.
Datum: 1.Oktober	2. Dann befasse ich mich mit den Hauptaspekten und mit folgenden Kriterien: eigene Rolle als Autor, Zielpublikum, Textform, Thema, Textfunktion usw. Um meinen Vortrag vorzustrukturieren, fertige ich zum Beispiel ein entsprechendes Schaubild an.
Datum: 2.Oktober	3. Anschließend schreibe ich einen Textentwurf.
Datum: 3.Oktober	4. Nun überarbeite ich Wortwahl, Inhalt, Satzbau und Grammatik und prüfe, ob mein Text alle oben genannten Kriterien erfüllt.
Datum: 5.Oktober	5. Wenn ich mit meinem Textentwurf zufrieden bin, schreibe ich die endgültige Fassung ins Reine und gebe sie ab.

Positive Vorlese-
erfahrungen machen

Problem:

Für viele Schüler sind Lesewettbewerbe, bei denen sie reihum einen unbekannten Text lesen, bis sie einen Fehler machen, eine echte Strapaze.
Während einige Schüler neue Texte flüssig lesen, stolpern viele andere über
schwierige Wörter und lesen furchtbar langsam.

Ziel:

Durch sorgfältiges Vorbereiten können alle Schüler positive Vorleseerfahrungen
gewinnen, die zudem ihr Leseverständnis fördern.

So geht's:

Verzichten Sie auf Lesewettbewerbe. Stattdessen lassen Sie die Schüler einen
literarischen Text in Ruhe vorbereiten, um ihn laut in der Klasse vorzutragen.
Sie dürfen das Vorlesen ihres Textes beliebig lange proben. Neben Texten,
die Sie vorschlagen, sollten die Schüler auch selbst Texte auswählen dürfen.
Wenn Sie zum Beispiel gerade Gedichte im Unterricht durchgenommen haben,
bietet sich eine Aufgabe wie diese an: „Wähle ein Gedicht aus, das dir besonders
gut gefällt, lies es der Klasse vor und erkläre, warum es dir gefällt!"
Besprechen Sie mit den Schülern zunächst folgende wichtige Kriterien
für das Vortragen von Texten:

➡ **Zeichensetzung beachten** – Keine unnatürlichen Pausen machen.
   Ein Komma signalisiert eine kurze Verzögerung, ein Punkt eine Pause.
   Ausrufungszeichen stehen für einen aufgeregten oder überraschten Tonfall,
   Fragezeichen für einen fragenden. Manchmal signalisieren sie aber auch
   Empörung, Zweifel oder sogar einen Befehlston.
   Wie lenken Satzzeichen das Lesen der ausgewählten Texte?
   Viele Pädagogen halten mündliche Vorträge für die sinnvollste Methode,
   Schülern etwas über Zeichensetzung beizubringen. Zeichensetzung ist nichts
   weiter als eine Reihe von Signalen, die dem Leser zeigen, wie er mit dem
   Wortfluss umgehen soll. Wenn wir schreiben, interpunktieren wir mit dem
   Stift oder der Tastatur, wenn wir sprechen, tun wir es mit unserer Stimme.

Positive Vorlese-erfahrungen machen

- **Tempo und Rhythmus festlegen** – Zeitliche Koordinierung und Leserhythmus bestimmen das Tempo, in dem wir die Zeilen lesen. Eine Veränderung des Lesetempos bewirkt emotionale Reaktionen und sorgt für Aufmerksamkeit. Wie schnell oder langsam sollte der Text gelesen werden? Ändern sich Tempo oder Rhythmus im ausgewählten Text?

- **Leselautstärke bestimmen** – Unterschiedliche Texte sollten unterschiedlich laut vorgetragen werden. Oft muss man die Leselautstärke auch innerhalb eines Textes variieren. Wie laut oder leise sollten die Zeilen vorgetragen werden?

- **Gekonnt betonen** – Ein guter Vortrag bewegt sich stets auf eine bestimmte Aussage zu. Die Zuhörer müssen spüren, wie der Lesevortrag sich dem Höhepunkt nähert. Wo ist die wichtigste oder aussagekräftigste Textstelle, die beim Lesen betont werden muss?

Demonstrieren Sie den Schülern im Unterricht unbedingt, wie man diese Strategien wirkungs-voll einsetzt, indem Sie selbst laut vorlesen. Gelungenes Vortragen erfordert aufmerksames Lesen, und das führt wiederum zu besserem Textverständnis. Das Bewertungsraster auf den folgenden Seiten dient Schülern zur Selbsteinschätzung und zur Bewertung ihrer Mitschüler, und Ihnen zur Be-wertung mündlicher Schülervorträge.

Bewertungsraster für das Vortragen von Texten

VORBEREITUNG

👑 *Sehr gut – höchstes Niveau*
Der Vortrag war sehr gründlich und gut vorbereitet.

☺ *Gut – hohes Niveau*
Der Vortrag war gründlich und gut vorbereitet.

😐 *Mittelmäßig – mittleres Niveau*
Der Vortrag war zufriedenstellend vorbereitet.

☹ *Schwach – unteres Niveau*
Der Vortrag war nicht gut vorbereitet.

ZEICHENSETZUNG

👑 *Sehr gut – höchstes Niveau*
Der Schüler hat die Zeichensetzung des Textes im Vortrag sehr gut mündlich umgesetzt.

☺ *Gut – hohes Niveau*
Der Schüler hat die Zeichensetzung des Textes im Vortrag gut mündlich umgesetzt.

😐 *Mittelmäßig – mittleres Niveau*
Der Schüler hat sich bemüht, die Zeichensetzung des Textes im Vortrag mündlich umzusetzen.

☹ *Schwach – unteres Niveau*
Der Schüler hat die Zeichensetzung des Textes im Vortrag kaum berücksichtigt.

TEMPO UND RHYTHMUS

👑 *Sehr gut – höchstes Niveau*
Der Schüler hat Tempo und Rhythmus geschickt und sehr erfolgreich eingesetzt, um die passende Betonung zu erzielen.

☺ *Gut – hohes Niveau*
Der Schüler hat Tempo und Rhythmus erfolgreich eingesetzt, um die passende Betonung zu erzielen.

☺ *Mittelmäßig – mittleres Niveau*
Der Schüler hat sich bemüht, Tempo und Rhythmus einzusetzen,
um die passende Betonung zu erzielen.

☹ *Schwach – unteres Niveau*
Der Schüler hat sich kaum bemüht, Tempo und Rhythmus einzusetzen,
um die passende Betonung zu erzielen.

LAUTSTÄRKE

♔☺ *Sehr gut – höchstes Niveau*
Der Schüler wählte durchweg eine angemessene Leselautstärke.
Lautstärkenwechsel passten stets zum Textinhalt.

☺ *Gut – hohes Niveau*
Der Schüler wählte eine angemessene Leselautstärke. Lautstärkenwechsel
passten zum Textinhalt.

☺ *Mittelmäßig – mittleres Niveau*
Der Schüler war bemüht, eine angemessene Leselautstärke zu wählen.
Lautstärkenwechsel passten im Wesentlichen zum Textinhalt.

☹ *Schwach – unteres Niveau*
Der Schüler wählte keine angemessene Leselautstärke.
Lautstärkenwechsel passten selten zum Textinhalt.

BETONUNG

♔☺ *Sehr gut – höchstes Niveau*
Der Schüler setzte durch geschickte Betonung klare Schwerpunkte und baute
sehr erfolgreich Spannung auf.

☺ *Gut – hohes Niveau*
Der Schüler setzte durch geschickte Betonung Schwerpunkte und baute Spannung
auf.

☺ *Mittelmäßig – mittleres Niveau*
Der Schüler bemühte sich, durch Betonung Schwerpunkte zu setzen und Spannung
aufzubauen.

☹ *Schwach – unteres Niveau*
Der Schüler setzte Betonung nicht ein, um Schwerpunkte aufzuzeigen und
vermochte keine Spannung aufzubauen.

Hörbücher für lese-schwache Schüler nutzen

Problem:

Einige Ihrer Schüler bleiben mit ihren Leseleistungen weit hinter den Erwar-tungen für die Klassenstufe zurück. Sie sind frustriert, wenn sie eigenständig Texte aus ihren Textbüchern oder Romane lesen sollen, die Sie als Klassen-lektüre ausgewählt haben.

Ziel:

Leseschwache Schüler können durch den Einsatz von Hörbüchern parallel zur Klassenlektüre das Lesepensum erfolgreich bewältigen und dem Unterricht leichter folgen.

So geht's:

Spezielle, vereinfachte Lektüre-Ausgaben sind eine Möglichkeit, leseschwache Schüler zum Lesen zu bewegen. Denken Sie aber auch einmal über Hörbücher als Alternative nach. Es gibt immer mehr gute Hörbücher, die von professionellen Schauspielern hervorragend vorgelesen werden. Sie können Hörbücher als zusätz-liche Hilfe bei der freien Lektüre für schwache Schüler einsetzen, so dass diese ohne mühsame Zusatzaufgaben auf Klassenstufenniveau mitarbeiten können. Ganz wichtig ist dabei, dass die Schüler immer den gedruckten Text beim Zuhören mitlesen. So bringen sie den Klang bestimmter Wörter leichter mit dem entspre-chenden gedruckten Zeichen in Zusammenhang. Das ist die wichtigste Voraus-setzung, um besser lesen zu lernen.

Setzen Sie sich dafür ein, dass die Schulbücherei ihren Bestand an Hörbüchern aufstockt. Für Texte, die es nicht auf Band gibt, finden Sie vielleicht einen Frei-willigen, der eine Auswahl aus dem Textbuch oder eine entsprechende Lektüre für Sie aufzeichnet.

Sie können auch gute Schülerbeispiele für gelungenes Vorlesen literarischer Texte – oder auch Vorlesetheater – aufzeichnen. Solche Aufnahmen sind als Muster-beispiele hilfreich, um Erwartungen und Möglichkeiten deutlich zu machen, und bereichern zudem die Hörbuchsammlung Ihrer Schule. Die entsprechenden Texte sollten immer mit den Aufnahmen zusammen verfügbar sein, damit Schüler den Text mitlesen können, wenn sie sich das Band anhören.

Drehbücher schreiben und vortragen

> **Problem:**
> Ihre Schüler schauspielern gern, aber sie können nicht besonders gut vorlesen.

Ziel:
Die Schüler verbinden Ihre darstellerischen Fertigkeiten mit dem vortragenden Lesen von Texten.

So geht's:
Aus einem Erzähltext, den Sie mit der Klasse durchnehmen, sollen die Schüler einen kurzen Abschnitt auswählen, der einen Konflikt zwischen den Charakteren besonders anschaulich zeigt. Die Schüler bilden Gruppen mit genau so vielen Mitgliedern, wie Charaktere im Text auftauchen, und schreiben die Szene zu einem dramaturgischen Skript um. Wahrscheinlich werden sie dabei nah am Dialog im Originaltext bleiben – weisen Sie sie darauf hin, dass passende Ergänzungen und Auslassungen durchaus erlaubt sind.

Grundlage für das folgende Beispiel war der Jugendroman „Ellen Foster oder tausend Arten, meinen Vater zu töten" von Kaye Gibbons.
Die Schüler sollen ihre Szenen so vortragen, dass der Konflikt und die Gefühle der Charaktere deutlich werden. Sie lernen ihren Text entweder auswendig oder verfahren wie beim Vorlesetheater (siehe Vorschlag auf S. 132/133).

Wenn Sie die Übung kürzer gestalten möchten, schreiben Sie oder jemand anderes den narrativen Text am besten selbst zu einem Skript um. Auf diese Weise können mehrere Gruppen die Szene vortragen und die Klasse diskutiert im Anschluss darüber, wie unterschiedlich der Konflikt und die Gefühle der Charaktere interpretiert wurden.

Eine Szene nach „Ellen Foster oder tausend Arten, meinen Vater zu töten" *von Kaye Gibbons*

Ellen: So, ihr beiden. Setzt euch doch bitte auf die Couch und macht die Augen zu. Ich habe etwas für euch. Ich gehe nur schnell in mein Zimmer und bin sofort wieder da.

Ellen: Na, was sagt ihr?

Nadine: Oh, Ellen, das ist wirklich schön.

Dora: Hast du die Katzen durchgepaust?

Ellen: Nein, Dora, ich habe sie selbst gemalt – für dich und deine Mama, damit ihr sie ins Wohnzimmer oder an eine andere geeignete Stelle hängen könnt.

Dora: Es sieht aus, als hättest du sie durchgepaust.

Ellen: Nein, Dora. Ich habe diese Kätzchen extra für dich gezeichnet.

Nadine: Sie sehen so niedlich aus. Gleich morgen hänge ich das Bild auf.

Ellen: Warum nicht jetzt gleich?

Nadine: Es braucht einen Rahmen, Schatz. So ein hübsches Bild gehört in einen Rahmen.

Ellen: Aber die Läden haben morgen geschlossen, wegen Weihnachten. Außerdem habe ich mich schon darum gekümmert.
(Sie breitet farbige Rahmen aus Karton vor ihnen aus.)
Such dir einen aus. Ich mache die Bilder dann gleich hier heute Abend fertig.

Dora: Mama, du willst doch wohl nicht ernsthaft so einen schäbigen Papprahmen an die Wand hängen?

Nadine: Ach komm, Dora, sei nett zu Ellen. Das ist doch süß.

Ellen geht weg.

Vorlesetheater –
Sprechen vor Publikum üben

Problem:

Ihre Schüler haben bereits viele Übungen und Strategien zur Steigerung ihrer Lese- und Schreibfertigkeit kennen gelernt, aber bislang wenig an ihren Kompetenzen im Sprechen und Vortragen gearbeitet. Sie möchten, dass sie sich im Sprechen vor Publikum verbessern.

Ziel:

Die Schüler erweitern ihre Kompetenzen im Sprechen und Vortragen durch Vorlesetheater.

So geht's:

Vorlesetheater ist eine der besten Möglichkeiten, die Sprechkompetenz der Schüler zu erweitern. Vorlesetheater hat den Vorteil, dass man es jederzeit spontan und problemlos im Unterricht durchführen kann, denn hier steht in erster Linie die Stimmbildung im Mittelpunkt, Kostüme, Kulissen und Requisiten werden nicht unbedingt benötigt. Vermitteln Sie den Schülern, worum es beim Vorlesetheater geht, nämlich durch Einsatz der Stimme die Gedanken, Gefühle, Reaktionen und Konflikte der Charaktere deutlich zu machen. Geben Sie ein paar Beispiele. Die Kriterien für gelungenes und überzeugendes Vortragen von Texten 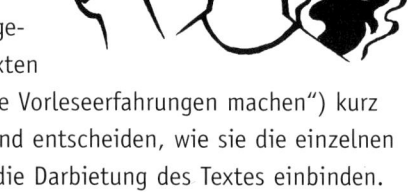 werden auf den Seiten 125/126 („Positive Vorleseerfahrungen machen") kurz dargestellt. Die Schüler bilden Gruppen und entscheiden, wie sie die einzelnen Gruppenmitglieder möglichst effektiv in die Darbietung des Textes einbinden. Ein Leser kann auch mehrere Rollen übernehmen.

Vorlesetheater kann man zu einer außergewöhnlichen Aktivität gestalten – zum Beispiel können die Schüler ihren Text aus großen Textmappen auf Notenständern ablesen und dabei möglicherweise sogar auf unterschiedlich hohen Stühlen sitzen. Man kann das Ganze aber auch vereinfachen und folgendermaßen vorgehen:

Vorlesetheater –
Sprechen vor Publikum üben

➡ **1. Schritt:** Wählen Sie einen geeigneten Text aus. Es muss kein dramatischer Text sein. Romane oder Kurzgeschichten eignen sich gut. Sie können auch die Schüler an der Textauswahl beteiligen.

➡ **2. Schritt:** Die Schüler bilden Gruppen und diskutieren über die Gefühle, Ansichten, Konflikte und Beweggründe der Charaktere.

➡ **3. Schritt:** Die Gruppenmitglieder besprechen die Rollenverteilung für die Vorlesedarbietung. Wenn sie nicht mit einem Skript arbeiten, sondern z.B. mit einem Dialog in einem Erzähltext, müssen sie klären, wie der Text aufgeteilt werden soll. In jedem Fall sollten sie sich überlegen, ob sie einen Leser für Regieanweisungen oder dialogfreie Passagen benötigen.

➡ **4. Schritt:** Die Gruppenmitglieder studieren unterschiedliche Möglichkeiten ein, wie sie ihren Part sprechen können. Dabei experimentieren sie mit Lautstärke, Tempo und Betonung.

➡ **5. Schritt:** Das Publikum sollte sich bei der anschließenden Bewertung hauptsächlich darauf konzentrieren, inwieweit die Darbietung Gefühle, Beweggrunde, Ansichten und Konflikte der Charaktere deutlich hat werden lassen.

Erfolgreiche Teamarbeit leisten

Problem:

Einige Ihrer Schüler können nicht gut in Kleingruppen arbeiten. Sie sind abgelenkt und unproduktiv. Teamarbeit findet nur begrenzt statt und häufig scheinen ein oder zwei Schüler die meiste Arbeit allein zu machen.

Ziel:

Ihre Schüler erarbeiten eigenständig Strategien für die intensivere und produktivere Teamarbeit.

So geht's:

Erarbeiten Sie mit der Klasse in einer 10–15-minütigen Diskussion eine Checkliste für die effektive Arbeit in der Kleingruppe und für sinnvolles Gruppenverhalten.

Beispiel:

- die Aufgabe gründlich besprechen, bevor man anfängt zu arbeiten
- Verantwortlichkeiten aufteilen – wer macht was?
- aufmerksam zuhören und ernsthaft mitarbeiten
- freundlich und fair bleiben, wenn es unterschiedliche Meinungen gibt
- sachlich bleiben und nur Beiträge bringen, die zum Thema gehören
- jeder beteiligt sich an der Zusammenfassung nach der Sitzung

Nach jeder Gruppensitzung oder -aufgabe sollten die Schüler ihre Liste nochmal anschauen und eine Selbsteinschätzung abgeben. Ihre Schüler arbeiten produktiver, wenn sie sich für die nächste Gruppenarbeitsphase ein Ziel setzen.

Wenn Schüler wenig Erfahrungen mit Gruppenarbeit haben, sollten sie mit kurzen Aufgaben und klar begrenztem Zeitrahmen beginnen. Achten Sie darauf, dass die Gruppe die Aufgabe gründlich bespricht und ihre Arbeitsergebnisse am Ende zusammenfasst. Jeder Schüler soll seine Arbeit kritisch bewerten und sich ein Ziel für die nächste Gruppenarbeitsphase setzen. Eine Kopiervorlage des Schüler-Bewertungsbogens finden Sie im Anhang. Bilden Sie zunächst Zweier- oder Dreiergruppen, damit die Schüler lernen, sich bei der Gruppenarbeit aktiv einzubringen. Weisen Sie darauf hin, dass die Gruppen nach Beendigung einer Aufgabe wieder aufgelöst und für andere Aufgaben neu zusammengesetzt werden. Die Schüler sollten unterschiedliche Projekte mit unterschiedlichen Mitschülern bearbeiten.

Erfolgreiche Teamarbeit leisten

Schüler-Bewertungsbogen für Teamarbeit

Name: *Anika Phillips*   **Gruppenmitglieder:** *Petra, Michael, Holger*

Aufgabe: *Charakterisierung*   **Abgabetermin:** *3. Dezember*

Mach bitte einen Haken an jede Aussage, die genau auf dich zutrifft.

	KRITERIEN	MEINE ZIELE FÜR DIE ZUKÜNFTIGE GRUPPENARBEIT
✓	**1.** Ich habe mich auf Gesprächs-termine mit der Gruppe vorbereitet.	*Ich will bei der Sache bleiben und nicht trödeln.*
	2. Ich habe mich an der Bespre-chung der Aufgabe beteiligt.	
✓	**3.** Ich habe bei der Aufteilung der einzelnen Verantwort-lichkeiten mitgeholfen.	
	4. Ich habe dazu beigetragen, dass sich die Gruppe auf die Aufgabe konzentriert.	
	5. Ich habe andere ermutigt, etwas beizutragen.	
	6. Ich war stets offen für andere Meinungen und Interpretationen.	
✓	**7.** Ich habe nach jeder Gruppen-sitzung an der Zusammen-fassung mitgearbeitet und meine Ziele für die Zukunft formuliert.	

Über Texte sprechen und diskutieren

Problem:

Über ihre Vorlieben und Abneigungen sprechen Ihre Schüler gern. Weniger gern lesen sie einen Text sorgfältig. Sie möchten ihre Lesefertigkeit verbessern und legen besonderen Wert darauf, dass die Schüler über Texte sprechen, die sie gern lesen.

Ziel:

Dadurch, dass Ihre Schüler mit anderen über ihre Lieblingstexte sprechen, erkennen sie, wie viel Spaß Freizeitlektüre macht und wie sehr sie persönlich bereichert.

So geht's:

Die Schüler überlegen, was sie in den vergangenen Wochen alles gelesen haben – in der Schule, aber auch anderswo. Jeder wählt eine Lieblingspassage aus. Es sollte maximal eine halbe Seite sein – je nach dem, wie umfangreich der Text ist. Dann bereiten sich die Schüler darauf vor, ihren Textauszug möglichst professionell laut vorzulesen. Sie dürfen so lange üben, wie nötig, damit sie flüssig und überzeugend vortragen.

Nun bilden die Schüler Kleingruppen und lesen einander gegenseitig ihre Lieblingspassagen vor. Bei Bedarf dürfen die Vorleser ihren Zuhörern vorher kurz Hintergrundinformationen zu dem jeweiligen Text geben. Im Anschluss an das Lesen erläutert der Vorleser, warum ihn der Text besonders interessiert. Dann ist die Gruppe an der Reihe. Die Zuhörer stellen Fragen, diskutieren darüber, wie der Text auf sie wirkt und stellen gegebenenfalls persönliche Bezüge her.

Denk- und Vorgehens- weisen diskutieren

Problem:

Ihre Schüler bearbeiten gern Aufgaben in Partnerarbeit. Sie möchten, dass sie durch die gemeinsame Arbeit an einem Text ihre unterschiedlichen Denkansätze und Vorgehensweisen kennen lernen, hinterfragen und daraus lernen.

Ziel:

Ihre Schüler erkennen durch Zusammenarbeit und die Auseinandersetzung mit der Arbeitsweise anderer, welche Denk- und Vorgehensweise sie persönlich weiterbringt.

So geht's:

Wählen Sie einen geeigneten Text für Ihre Schüler aus. Entscheiden Sie im Unterrichtsgespräch, ob die Schüler den Text leise oder mit ihrem Partner zusammen laut lesen sollen. Geben Sie drei oder vier Textabschnitte vor, nach denen die Schüler eine Pause einlegen und mit ihrem Partner über den Text diskutieren sollen. Nach jedem Textabschnitt fassen die Partner abwechselnd zusammen, was sie gelesen haben, bzw. formulieren den Text nochmal in ihren eigenen Worten. Sie stellen Vermutungen darüber an, was als Nächstes passiert, sprechen über schwer zu verstehende Textstellen und über Hintergrundwissen oder eigene Erfahrungen zum Thema. Geben Sie den Schülern eine Reihe möglicher Denkansätze oder Vorgehensweisen vor, zum Beispiel: Vermutungen anstellen, sich das im Text Geschilderte bildlich vorstellen, Inhalte hinterfragen und Gegenargumente finden usw.

Nachdem sie den Text einmal ganz gelesen haben, fassen die Partner kurz für alle zusammen, welche wichtigen Themen, Gefühle und Erfahrungen darin vermittelt werden. Außerdem sollen sie berichten, mit welchen Vorgehensweisen sie den Text am besten verstehen und analysieren konnten.
(Zum Beispiel: „Ich habe mir die Szene als Film vorgestellt" oder „Wenn ich mir nicht sicher war, habe ich noch einmal nachgelesen".) Fragen Sie die Schüler außerdem nach Ideen, wie man Partnerlesen zukünftig noch effektiver gestalten könnte.

Methoden für kooperative Kleingruppenarbeit

Problem:

Sie machen sich Sorgen um die Kooperationsfähigkeit Ihrer Schüler. Sie suchen nach klar strukturierten Methoden und Strategien, um Ihre Schüler dazu zu bringen, besser zusammenzuarbeiten.

Ziel:

Ihre Schüler lernen mit Hilfe strukturierter Unterrichtsaktivitäten besser zusammenzuarbeiten.

So geht's:

Die folgenden Strategien zur Förderung kooperativen Lernens sind im englischsprachigen Raum als „think-pair-share" (etwa „allein nachdenken-mit Partner austauschen-allen vorstellen + diskutieren") und „jigsaw" (Zusammensetz-Spiel) bekannt. Im Internet finden Sie dazu viele weitere Infos und Varianten.

Hier zwei Möglichkeiten, diese Techniken einzusetzen:

„Eins-zwei-alle" ist eine Methode, die drei Arbeitsformen vereint und die Kommunikation fördert: Zuerst überlegt jeder Schüler für sich allein, dann tauschen sich zwei Schüler über ihre Antworten aus und anschließend werden die Ergebnisse in der Großgruppe oder der ganzen Klasse vorgetragen und diskutiert. Bitten Sie die Schüler, in jeder Phase ihre Gedanken zum Thema oder zu der Frage zu notieren. Diese Aufzeichnungen machen transparent, was sie zuerst dachten und wie sich ihre Gedanken und Ansichten dann durch die Partnerarbeit und im Anschluss durch den Austausch im Plenum verändert haben.

Die **„Zusammensetz-Spiel-Methode"** macht schon mit ihrem Namen deutlich, dass man für eine vollständige Lösung alle Teilinformationen braucht – wie bei einem Puzzle. Die Schüler arbeiten in Gruppen und sind beim Bearbeiten ihrer Aufgabe von anderen Gruppenmitgliedern abhängig. Geht es etwa darum, wie bestimmte Charaktere in einem Text von anderen beeinflusst werden, lässt der Lehrer zum Beispiel innerhalb einer Fünfergruppe fünf verschiedene Charaktere analysieren. Diese Methode läuft in drei Schritten ab:

➡ **1. Schritt:** Die Schüler werden einer Gruppe zugewiesen. Sie besprechen die Aufgabe und verteilen die Verantwortlichkeiten. An dieser Stelle ist es sinnvoll, noch einmal sicherzustellen, dass die Aufgabenstellung klar ist und jeder weiß, wie er vorgehen muss.

➡ **2. Schritt:** Die Schüler arbeiten in Expertenteams (d.h. Experten aus verschiedenen Gruppen finden zusammen): Mehrere Fachleute für einen bestimmten Charakter diskutieren, wie diese Figur von den anderen vier Charakteren beeinflusst wird.

➡ **3. Schritt:** Die Schüler kehren in ihre ursprünglichen Gruppen zurück. Jeder Experte erläutert nun den fachfremden Gruppenmitgliedern, wie sein Charakter von den anderen vier Charakteren beeinflusst wird. Also bringt jeder einzelne Schüler den anderen Gruppenmitgliedern etwas über sein Fachgebiet bei und steuert so sein „Puzzleteil" bei, akzeptiert aber auch Beiträge, die seine Ausführungen ergänzen und weiter verfeinern. So fügt sich das Gesamtergebnis zusammen.

Teil D:

Betrachten und Darstellen

Übersicht Teil D:
Betrachten und Darstellen

Ebenso wie Sprechen und Zuhören werden auch die Kompetenzen Betrachten und Darstellen häufig im Unterricht vernachlässigt. Dabei erkennen Wissenschaftler und Pädagogen in zunehmendem Maße, wie wichtig kritisches Betrachten und wie wertvoll anschauliches Darstellen überall dort sind, wo Menschen Sinn kommunizieren und Dinge verständlich machen wollen. Der Begriff „darstellen" wird in Lehrplänen und Handbüchern nicht immer einheitlich definiert. Hier bezieht sich „darstellen" auf nonverbale Kommunikation, insbesondere auf den Einsatz von Bildern und Gesten.

Medien kritisch betrachten

Mit den hier vorgestellten Aktivitäten lernen und üben die Schüler, Medien systematisch kritisch zu untersuchen.

- **Kritisch fernsehen** (S. 143/144)
- **Wort und Bild in der Werbung** (S. 145/146)

Mit Bildern und visuellen Reizen arbeiten

Diese Aktivitäten machen deutlich, wie Perspektive, Licht, Farbe, Kulisse und Charaktere in Bildern Sinn transportieren. Wenn Schüler beim Betrachten und Darstellen genau auf Details achten, profitieren ihr Verständnis und ihre Kommunikationsfähigkeit.

- **Filmtechniken und -analyse** (S. 147/148)
- **Texte selbst verfilmen** (S. 149/150)
- **Textdetails konkret darstellen** (S. 151)
- **Literarische Stilmittel in Cartoons** (S. 152/153)

Kritisch fernsehen

Problem:

Ihre Schüler sehen vermutlich jede Woche stundenlang fern.
Es beunruhigt Sie, dass sie dabei sehr unkritisch sind.

Ziel:

Die Schüler entwickeln durch die Analyse bekannter Fernsehgenres kritische
Sehgewohnheiten.

So geht's:

Rechnen Sie Ihren Schülern vor, dass die meisten von ihnen am Ende ihrer Schul-
zeit mehr Zeit vor dem Fernseher als in der Schule verbracht haben werden.
Das bedeutet, dass sie bis dahin Tausende von Gewaltakten und mehrere Zehn-
tausend Werbespots angesehen haben werden. Um mit dieser Überflutung klarzu-
kommen und eigene Werte fürs Leben definieren und den vermittelten Werten ent-
gegensetzen zu können, ist es wichtig, kritische Sehgewohnheiten zu entwickeln.
Erinnern Sie die Schüler daran, dass Genres oder Gattungen Unterbereiche eines
übergeordneten Mediums sind. Geschichten, Gedichte, Prosa und Dramen sind
beispielsweise Literaturgattungen oder Genres innerhalb der Literatur. Seifenopern,
Talkshows, Trickfilme, Kriminalfilme, Melodramen und Werbespots zählen zu den
Fernsehgenres. Jeder Schüler oder jede Schülergruppe arbeitet mit einem anderen
Genre. Die einzelnen Schüler oder Gruppen sollen ein ihrem Alter angemessenes
Fernsehgenre analysieren. Dabei kann das Arbeitsblatt „Analyse eines Fernseh-
genres" (auf Seite 144) hilfreich sein. Eine Kopiervorlage finden Sie im Anhang.

Vermutlich werden Sie den Begriff „Stimulus" erklären müssen. Hier ist damit eine
Art Schockeffekt gemeint – ein kurzer, spannender Moment, der die Aufmerksam-
keit des Betrachters durch laute Geräusche, schnelle Schnitte von einer Sequenz
zur nächsten, einen Gewaltakt, eine schnelle Bewegung oder ein schockierendes
Bild erregt. Fernsehkritikern zufolge können Programmgestalter ohne solche
Stimuli kaum die Aufmerksamkeit des Publikums gewinnen. Lassen Sie die Schüler
zunächst ein Fernsehgenre im Klassenverband untersuchen. Anschließend weisen
Sie dann einzelnen Schülern oder Gruppen bestimmte Genres zu.

Kritisch fernsehen

Analyse eines Fernsehgenres

Genre: *Seifenoper*

Titel der Sendung: *Episode von „Verbotene Liebe"*

Thema/Themen:	Dargestellte(s) Image/Charaktere:	Verbindung zum richtigen Leben	Begründung für die Darstellungsweise
Die Sendung handelt von ... *unterschiedlichen Konflikten und Gesprächen:* *- Felix streitet mit Sylvia über den Familienbesitz* *- Elisabeth spricht sich mit Arno aus* *- Elisabeth muss sich zwischen Luke und Arno entscheiden* *- Luke möchte sich mit Elisabeth aussöhnen*	*Es werden vorwiegend Bilder gezeigt von ...* *- gut gekleideten, reichen Leuten* *- attraktiven Menschen* *- unterschiedlichen Wohnverhältnissen* *Mit den dominieren-den Bildern verbin-det man folgende Gefühle:* *- positive Haltung zu Reichtum, Macht, Erfolg, Jugend und Schönheit*	*Die Fernsehsendung steht insofern mit dem richtigen Leben im Zusam-menhang, als ...* *- häufig Beziehungs-probleme gezeigt werden* *Zwischen der Fernsehsendung und dem richtigen Leben besteht inso-fern kein Zusam-menhang, als ...* *- die meisten Zu-schauer nicht so leben, wie die Personen in der Sendung. Sie sind nicht wohlhabend und einflussreich*	*Die Fernsehsendung zeigt die dominieren-den Bilder und Cha-raktere, damit das Publikum ...* *- in eine glamouröse Welt abtauchen kann* *- gespannt ist, was als Nächstes passiert und weiter zusieht*

Wort und Bild in der Werbung

Problem:

Wenn Sie ihnen etwas über Erzähltechniken vermitteln wollen, können sich Ihre Schüler selten dafür begeistern. Aber für Fernsehen, Filme und Video interessieren sie sich. Sie möchten dieses Interesse nutzen. Die Schüler sollen lernen, dass Autoren gedruckter, gesprochener und in den Medien aufbereiteter Texte ganz bewusst bestimmte Techniken einsetzen, um etwas wirkungsvoll zu kommunizieren.

Ziel:

Ihre Schüler stellen durch gezielte Analyse fest, dass Kommunikationstechniken in der Werbung ebenso überlegt und bis ins Detail ausgefeilt eingesetzt werden, wie in gedruckten Texten.

So geht's:

Arbeiten Sie mit Anzeigen aus Zeitschriften oder mit aus dem Fernsehen aufgezeichneten Werbespots. Die Schüler sollen die implizite Botschaft benennen und erläutern, wie Wort und Bild zusammenwirken, so dass diese Botschaft transportiert wird. Erinnern Sie die Schüler daran, dass die Botschaft oder Bedeutung häufig rein emotional ist – eine Wortbedeutung kann durchaus ein Gefühl für das Produkt übermitteln, ohne dass man tatsächlich etwas über das Produkt weiß.

Das folgende Arbeitsblatt lenkt die Aufmerksamkeit Ihrer Schüler auf die Bedeutung von Wort und Bild in Werbeanzeigen. Sie wählen in der Kategorie „Bilder" passende Fragen aus und beantworten diese. Das Arbeitsblatt lässt sich auch für die Arbeit mit aufgezeichneten Werbespots einsetzen. Eine Kopiervorlage finden Sie im Anhang.

Wort und Bild in der Werbung

Thema: *Reklame für Niveau Creme*   **Zielgruppe:** *Junge Leute*
Quelle (Zeitschrift, Fernsehen, Film etc.): *Zeitschrift*   **(ggf.) Tageszeit:**

BILDER
• **Worum geht es im Wesentlichen?**
• **Spielen Licht und Farbe eine wichtige Rolle?**
• **Welche Gegenstände fallen besonders auf?**
• **Was für eine Handlung/was für ein Ereignis wird geschildert?**
• **Wie sieht die Kulisse aus?**

- *ein junger Mann und eine gut aussehende junge Frau umarmen sich*
  im Vordergrund, der Mann berührt die Frau an der Hüfte
- *sie haben schöne Haut und wirken entspannt*
- *der Hintergrund ist einfach himmelblau*
- *das Licht suggeriert Sonnenschein*
- *die Personen tragen Sommerkleidung in den Farben des Produkts (blau und weiß)*
- *der blaue Minirock der Frau steht im Mittelpunkt*

WORTE
• **Welche Botschaft wird durch die Worte vermittelt?**
• **Wie wirken Wort und Bild zusammen?**

- *„trockene Haut" und „Pflege" sind fett gedruckt, sie zeigen, worum es geht*
- *Wort und Bild sind sehr reduziert, sie zeigen, dass es nicht viel bedarf und einfach*
  ist, schön zu sein
- *wenig Worte suggerieren, dass man nur das eine Produkt braucht*
- *„anziehend" steht auf dem knapp bekleideten Frauenrücken und unterstreicht den*
  Hautpflegeeffekt des Produkts

EMOTIONALE BEDEUTUNG
• **Welche Gefühle werden vermittelt oder suggeriert?**

- *Harmonie, Glück, Wärme*

VERMITTELTE EINDRÜCKE
• **Welcher Eindruck wird vermittelt?**

- *das Produkt macht schön und glücklich*

Filmtechniken und -analyse

Problem:

Sie haben mit der Klasse einen Film wie Harry Potter* angesehen. Sobald der Abspann erscheint und das Licht angeht, maulen die ersten Schüler schon, weil sie keine Lust haben, über den Inhalt des Films zu diskutieren.

Ziel:

Die Schüler setzen sich mit Filmtechniken und deren Wirkung auseinander und lernen so einen ganz neuen Ansatz, sich auch mit inhaltlichen Fragen auseinander zu setzen.

So geht's:

Bringen Sie die Schüler dazu, wichtigen Einzelheiten aus dem gerade angeschauten (Video-)Film Beachtung zu schenken. Zunächst sollen sie markante Bilder und Geräusche (z.B. Musik) nennen. Das Sammeln von ersten Eindrücken führt ganz von selbst zu Überlegungen, warum diese Einzelheiten besonders hervorgehoben werden und welche Bedeutung bzw. Aussage vermittelt werden soll. Das Arbeitsblatt „Filmanalyse" (Seite 148) hilft Schülern, sich auf besondere Details zu konzentrieren und dient als Vorbereitung auf eine gründliche Untersuchung des Films. Eine Kopiervorlage finden Sie im Anhang.

* „Harry Potter" sowie alle anderen Figuren
aus dem Jugendbuch sind eine eingetragene
Marke der Time Warner Co.

Filmtechniken und -analyse

Filmanalyse

Film/Video: „*Cosmic Zoom*" – *kanadischer Dokumentarfilm*

BILDER:
- **Welche Bilder werden im Film besonders hervorgehoben?**
  - *Ein Junge angelt von seinem Boot aus.*
  - *Die Kamera zoomt bis ins Weltall hinaus und zeigt die Erde von oben.*
  - *Die Kamera zoomt zurück und in den Jungen hinein, bis in ein einzelnes Zellatom hinein.*

TÖNE/GERÄUSCHE:
- **Welche Geräusche werden im Film besonders hervorgehoben?**
  - *Beim Zoomen wird die Musik schneller, wie beim Vorspulen.*

EMOTIONALE BEDEUTUNG:
- **Welche Gefühle transportiert der Film/das Video?**
  - *Respekt für die Komplexität des Universums.*

EINDRÜCKE:
- **Welche Eindrücke vermittelt der Film/das Video?**
  - *Das Universum in uns und um uns herum ist komplex und faszinierend.*

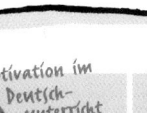

Texte selbst verfilmen

Problem:
Viele Ihrer Schüler sehen sich regelmäßig Fernsehsendungen und Filme an, haben aber keine Lust, sich mit Literatur zu befassen.

Ziel:
Die Schüler erarbeiten zunächst verschiedene Filmtechniken und setzen dann ein Literaturbeispiel (z.B. ein Gedicht) selbst als Filmscript um.

So geht's:
Untersuchen Sie mit Ihren Schülern am Beispiel eines Films Kameraeinstellungen und -bewegungen. Es kommt darauf an herauszufinden, wie Filmemacher bestimmten Ereignissen usw. mit Hilfe geschickt eingesetzter Kameraeinstellungen und -bewegungen Bedeutung verleihen.

Kameraeinstellungen

- **Panorama/Totale:** zeigt beinahe das gesamte Umfeld bzw. eine oder mehrere Personen
- **Halbtotale:** zeigt immer noch das Umfeld, aber rückt bereits einige Details deutlich ins Blickfeld – z.B. eine Person in ihrer unmittelbaren Umgebung
- **Nahaufnahme:** zeigt eine detaillierte Ansicht eines Objekts oder einer Person (z.B. Brust und Gesicht)
- **Detailaufnahme:** zeigt spezielle Details eines Objekts oder einer Person in Großaufnahme (z.B. nur die Augen)

Texte selbst verfilmen

Kamerabewegungen bzw. Bildabfolge

- **Schnitt:** schneller Wechsel von einem Bild bzw. einer Szene zur anderen
- **Schwenk/Fahrt:** die Kamera dreht sich einmal um sich selbst bzw. fährt über den Schauplatz, ohne dabei anzuhalten (ähnlich der natürlichen Blickweise)
- **Zoom 1 – Einzoomen:** das Zoom-Objektiv wird eingesetzt, um einen ganz bestimmten Bildausschnitt deutlich zu zeigen
- **Zoom 2 – Auszoomen:** das Zoom-Objektiv wird eingesetzt, um von einer detaillierten Ansicht aus deren Umfeld zu zeigen und das Detail so in einen größeren Zusammenhang einzuordnen

Nun wählen die Schüler einen kurzen Text oder ein Gedicht aus und entwickeln ihr eigenes Videoscript. Die Schüler müssen sich überlegen, welche Bilder oder Landschaften zum Text passen. Dann sollten sie eine geeignete Kameraeinstellung und -bewegung finden. Die nächste Herausforderung stellt die Verteilung des Textes passend zu den Bildern und zur Geräuschkulisse. Sie können allein oder in kleinen Gruppen arbeiten. Ihre Schüler haben natürlich mehr Spaß und ein großes Erfolgserlebnis, wenn sie dieses Script auch mit der Videokamera praktisch umsetzen dürfen. Beim Filmen sollen sie die Regieanweisungen genau befolgen. Wenn sie ihr Video vorführen, dürfen die Schüler ihre Ton- und Bildauswahl kommentieren und erläutern, wie genau sie bei der Umsetzung des Textes vorgegangen sind. Fertigen Sie möglichst Kopien von besonders gelungenen Videos an, um diese in den nächsten Klassen als Musterbeispiele einzusetzen.

Textdetails konkret darstellen

Problem:

Immer wieder müssen Sie Ihre Schüler daran erinnern, Textinterpretationen doch bitte mit konkreten Belegen bzw. Textstellen zu stützen.

Ihre Schüler äußern zwar gern eigene Meinungen und Interpretationsvorschläge, machen sich aber selten die Mühe, ihren Standpunkt mit Fakten und Details gezielt zu untermauern.

Ziel:

Schüler lernen mit Hilfe unterschiedlicher Darstellungsformen, besser auf Details und Ereignisse in literarischen Texten zu achten.

So geht's:

Aktivitäten, bei denen Darstellen im Sinne nonverbaler Kommunikation im Mittelpunkt steht, helfen den Schülern, sich auf Textdetails zu konzentrieren.

➡ **Vorschlag 1:** Ihre Schüler fertigen eine Reihe von Bildern an, die Schlüsselmomente oder Szenen aus dem Text zeigen. Das können eigene Zeichnungen, aber auch Fotos oder Bilder aus Zeitschriften oder Datenbanken sein. Wenn sie ihre Sammlungen zeigen, müssen die Schüler erklären können, warum die Bilder zum Text passen bzw. diesen wiedergeben. Wenn die Schüler solche Bildersammlungen für eine Reihe von bekannten Texten zusammengestellt haben, kann man aus der Aktivität ein Spiel machen, bei dem die Mitschüler anhand der gezeigten Bilder den Buchtitel erraten sollen.

➡ **Vorschlag 2:** Die Schüler überlegen sich, welche Gegenstände eine der Figuren aus dem Text in ihrem Rucksack bei sich tragen könnte. Diese Dinge können sie auflisten oder tatsächlich zusammentragen und den Mitschülern präsentieren. Auch diese Aktivität lässt sich zu einem Spiel abwandeln:
Die Schüler teilen sich in Gruppen auf. Jede Gruppe sammelt Gegenstände zu einem Text, den bereits alle Schüler gelesen haben. Anschließend müssen die übrigen Schüler raten, für welche Figur aus welchem Text der Rucksack gepackt wurde. Danach können sie die Auswahl der Gegenstände bewerten.

Literarische Stilmittel in Cartoons

Problem:
Der Lehrplan sieht vor, dass Sie mit Ihrer Klasse literarische Stilmittel, wie z.B. bildhafte Sprache untersuchen. Das Naheliegendste wäre, dies am Beispiel von Gedichten zu tun – doch Ihnen klingt das Murren Ihrer Schüler bereits in den Ohren, bevor Sie überhaupt anfangen.

Ziel:
Ihre Schüler analysieren sprachliche Mittel (wie z.B. bildhafte Sprache) erfolgreich mit Hilfe von Cartoons.

So geht's:
Werfen Sie nicht das Handtuch, wenn Ihre Schüler sich mit dem Analysieren von bildhafter Sprache, Redewendungen und anderen sprachlichen Mitteln in literarischen Texten schwer tun. Sie können genauso gut mit Cartoons in das Thema einsteigen. Dazu sollten Sie im Voraus eine Reihe unterschiedlicher Cartoons aus Zeitschriften, Büchern oder von Webseiten usw. sammeln. Sie können diese Aufgabe auch Ihren Schülern überlassen. Die Schüler untersuchen nun, wie Cartoonisten z.B. mit dem absichtlichen Missverstehen von Redewendungen und anderen Techniken arbeiten. Über das bloße Benennen von Techniken hinaus, sollen die Schüler auch die Aussage des Cartoons kommentieren.

Im Folgenden werden wichtige literarische Stilmittel wie Metaphern, Wortspiele, Personifizierung, Ironie und Satire kurz zusammengefasst erläutert. Nachdem Sie diese Techniken im Einzelnen besprochen haben, bitten Sie Ihre Schüler, nochmal gezielt auf die Suche nach Cartoons zu gehen, die diesen Kriterien entsprechen. Zu jedem Cartoon sollen die Schüler einen kurzen Kommentar verfassen, der folgende Angaben enthält:

- ➡ **Titel/Überschrift des Cartoons**
- ➡ **Kurze Beschreibung des Cartoons**
- ➡ **Welche Aussage hat der Cartoon bzw. worin genau liegt der Witz?**

Literarische Stilmittel
in Cartoons

Aufbauend auf dieser Übung fordern Sie die Schüler nun auf, auch in literarischen Texten zu untersuchen, wie bildhafte Sprache und ähnliche literarische Stilmittel dort eingesetzt werden. Ihre Gedanken dazu halten sie in ihren Arbeitsheften fest.

Literarische Stilmittel:

➡ **Satire:** Eine spöttische Kritik an bestehenden Zuständen. Die Satire will Missstände innerhalb der Gesellschaft, aber auch bestimmte Ereignisse und Personen anprangern, kommentieren und entlarven. Die Satire bedient sich häufig der Übertreibung. Ein bekanntes Satire-Magazin ist zum Beispiel MAD.

➡ **Wortspiel:** Ein Wortspiel kann auf der klanglichen Ähnlichkeit von Worten basieren oder z.B. die Mehrdeutigkeit von Wörtern ausnutzen.
Beispiel: „Bist du per Anhalter gekommen?" – „Wieso?" – „Du siehst so mitgenommen aus."

➡ **Metapher:** Zwei getrennte Sinnbereiche werden in einen ungewohnten, oft kreativen Zusammenhang gerückt. Metaphern sind zweideutig – wenn man sie wörtlich nimmt, ergeben sie in der Regel keinen Sinn.
Beispiel: Rabeneltern – sind Eltern, die ihre Kinder vernachlässigen.

➡ **Ironie:** Eine Äußerung, die häufig genau das Gegenteil des Gesagten meint und mit scheinbarer Ernsthaftigkeit den gegnerischen Standpunkt ins Widersprüchliche zieht. Die Ironie ist kritisch.
Beispiel: „Na, das war ja wieder mal eine Meisterleistung!"

➡ **Personifizierung:** Wenn Pflanzen, Tieren, Gegenständen oder abstrakten Gebilden menschliche Eigenschaften oder menschliche Fähigkeiten zugesprochen werden, die sie in der Realität nicht besitzen.
Beispiel: „Die Sonne lacht am Himmel."

Anhang

Mein aktuelles Leseprofil

Datum: _____

Aufgabe: Beschreibe möglichst genau deine Gewohnheiten und Eigenschaften als Leser!

• Das Erste, was ich mir bei einem Buch anschaue:

_____

_____

• Ich lese gern Bücher, die so aussehen, als seien sie...

_____

_____

• Was mich davon abhält, ein Buch zu lesen:

_____

_____

• Normalerweise lese ich ein Buch innerhalb von _____ (Tagen/Wochen).

_____

• Meine Lieblingsautoren:

_____

_____

• Wenn ich mich selbst als Leser beschreibe, klingt das so:

_____

_____

• Meine guten Lesegewohnheiten:

_____

_____

• Lesegewohnheiten, die ich gern ändern würde:

_____

_____

• Meine Leseziele für dieses Halbjahr (diese Woche/diesen Monat):

_____

_____

© Verlag an der Ruhr • Postfach 102251 • 45422 Mülheim an der Ruhr • www.verlagruhr.de

Wie ich mich selbst als Leser verstehe

Titel des Textes: _____

• Strategien, die ich vor dem Lesen angewendet habe:

_____
_____
_____
_____

• Strategien, die ich beim Lesen angewendet habe:

_____
_____
_____
_____

• Strategien, die ich nach dem Lesen angewendet habe:

_____
_____
_____
_____

• Meine Leseziele für die Zukunft:

_____
_____
_____
_____

• Was ich über mich selbst als Leser gelernt habe:

_____
_____
_____
_____

Textarbeits-Protokoll für die Aufdeck-Methode

Titel: _____

- Illustration (falls vorhanden) und Überschrift freigelegt, Text abgedeckt
  Mein Hintergrundwissen, meine Vermutungen und mein Leseanreiz:
  _____
  _____

- Erste Texteinheit freigelegt
  Meine Vorstellung/eigene Formulierung/Frage oder Vermutung:
  _____
  _____

- Zweite Texteinheit freigelegt
  Meine Vorstellung/eigene Formulierung/Frage oder Vermutung:
  _____
  _____

- Dritte Texteinheit freigelegt
  Meine Vorstellung/eigene Formulierung/Frage oder Vermutung:
  _____
  _____

- Vierte Texteinheit freigelegt
  Meine Vorstellung/eigene Formulierung/Frage oder Vermutung:
  _____
  _____

- Fünfte Texteinheit freigelegt
  Meine Vorstellung/eigene Formulierung/Frage oder Vermutung:
  _____
  _____

- Letzte Texteinheit freigelegt
  Meine Interpretation und die Antwort auf meine Fragen und Vermutungen:
  _____
  _____

© Verlag an der Ruhr • Postfach 102251 • 45422 Mülheim an der Ruhr • www.verlagruhr.de

Interpretationen überprüfen und begründen

Überschrift: _____

- Was ich nach dem ersten Lesen (nach dem ersten Teil, Kapitel oder
  Abschnitt) dachte:

  _____
  _____
  _____
  _____

Habe ich auch wirklich alles ganz genau verstanden?

- Was mir klar wurde, als ich die Geschichte zu Ende gelesen hatte:

  _____
  _____
  _____
  _____

- Was ich nach sorgfältigem, wiederholtem Lesen des Textes – insbesondere der
  Passagen, die mir nicht klar waren – verstanden habe:

  _____
  _____
  _____
  _____

- Was ich jetzt glaube, nachdem ich mit anderen darüber diskutiert habe,
  wie der Text zu verstehen ist:

  _____
  _____
  _____
  _____

- Was mir immer noch nicht ganz klar ist:

  _____
  _____
  _____

© Verlag an der Ruhr · Postfach 10 22 51 · 45422 Mülheim an der Ruhr · www.verlagruhr.ce

Buchempfehlung

Titel: _____   Autorin: _____

Wenn du das Buch zu Ende gelesen hast, beschreibe deinen persönlichen
Eindruck auf dieser Seite. Du darfst auch gern zu den Kommentaren deiner
Mitschüler Stellung nehmen.

Schreibe zum Beispiel, was dir besonders gut oder schlecht gefallen hat
und warum, was deiner Meinung nach hätte passieren sollen, was du über
die Charaktere denkst, woran dich das Buch erinnert hat, welche Gefühle
es in dir ausgelöst hat und welche Fragen du zu dem Buch hast.
Vergiss nicht, deinen Beitrag mit Datum und Unterschrift zu versehen!

_____

_____

_____

_____

_____

_____

_____

_____

_____

_____

_____

_____

_____

_____

_____

_____

_____

_____

_____

_____

© Verlag an der Ruhr • Postfach 102251 • 45422 Mülheim an der Ruhr • www.verlagruhr.de

Motivation im
Deutsch-
unterricht   *55 praktische Ideen für den Alltag*

Wie machen's die Profis?

Wenn ich Texte schreibe, stelle ich mir folgende Frage oder habe folgendes Problem:

_____

_____

_____

_____

Folgende Texte habe ich mir nochmal genau angeschaut, um eine Antwort auf meine Frage zu finden:	Folgende Auszüge aus diesen Texten haben mir bei meinem Problem geholfen und das habe ich aus diesen Beispielen gelernt:

© Verlag an der Ruhr • Postfach 10 22 51 • 45422 Mülheim an der Ruhr • www.verlagruhr.de

Wie ich mich selbst als Autor wahrnehme

Titel des Textes: _____

• Strategien, die ich vor dem Schreiben angewendet habe:

_____
_____
_____
_____

• Strategien, die ich beim Schreiben angewendet habe:

_____
_____
_____
_____

• Strategien, die ich nach dem Schreiben angewendet habe:

_____
_____
_____
_____

• Meine Schreibziele für zukünftige Texte:

_____
_____
_____
_____

• Was ich über mich selbst als Autor gelernt habe:

_____
_____
_____
_____

© Verlag an der Ruhr • Postfach 102251 • 45422 Mülheim an der Ruhr • www.verlagruhr.de

Lernvertrag

Referat über _____

Name: _____ Klasse: _____

THEMA/ZIELE:
Ich verpflichte mich dazu, innerhalb des gegebenen Zeitrahmens folgende Aufgabe
zu bearbeiten:

_____

_____

_____

_____

_____

ZEITRAHMEN:
Ich werde meine Arbeit spätestens am _____ abgeben.

HILFSMITTEL:
Ich werde folgende Texte, Medien, Fachleute und das Internet für meine
Arbeit nutzen:

_____

_____

_____

_____

_____

BEWERTUNG:
Meine Arbeit wird nach folgendem Schema (zu erreichende Punktzahl) bewertet:

_____

_____

_____

_____

_____

Arbeitsplan

Aufgabe: _____

Hilfsmaterial/Voraussetzungen: _____
_____

Abgabetermin: _____

Reihenfolge/Ablauf:

Datum:

Datum:

Datum:

Datum:

Datum:

Datum:

© Verlag an der Ruhr • Postfach 102251 • 45422 Mülheim an der Ruhr • www.verlagruhr.de

Schüler-Bewertungsbogen für Teamarbeit

Name: _____ Gruppenmitglieder: _____

Aufgabe: _____ Abgabetermin: _____

Mach bitte einen Haken an jede Aussage, die genau auf dich zutrifft.

	KRITERIEN	MEINE ZIELE FÜR DIE ZUKÜNFTIGE GRUPPENARBEIT
	1. Ich habe mich auf Gesprächstermine mit der Gruppe vorbereitet.	
	2. Ich habe mich an der Besprechung der Aufgabe beteiligt.	
	3. Ich habe bei der Aufteilung der einzelnen Verantwortlichkeiten mitgeholfen.	
	4. Ich habe dazu beigetragen, dass sich die Gruppe auf die Aufgabe konzentriert.	
	5. Ich habe andere ermutigt, etwas beizutragen.	
	6. Ich war stets offen für andere Meinungen und Interpretationen.	
	7. Ich habe nach jeder Gruppensitzung an der Zusammenfassung mitgearbeitet und meine Ziele für die Zukunft formuliert.	

Analyse eines Fernsehgenres

Genre: _____

Titel der Sendung: _____

Thema/Themen:	Dargestellte(s) Image/Charaktere:	Verbindung zum richtigen Leben	Begründung für die Darstellungsweise
Die Sendung handelt von ...	Es werden vorwiegend Bilder gezeigt von ...	Die Fernsehsendung steht insofern mit dem richtigen Leben im Zusammenhang, als ...	Die Fernsehsendung zeigt die dominierenden Bilder und Charaktere, damit das Publikum ...
	Mit den dominierenden Bildern verbindet man folgende Gefühle:	Zwischen der Fernsehsendung und dem richtigen Leben besteht insofern kein Zusammenhang, als ...	

© Verlag an der Ruhr • Postfach 102251 • 45422 Mülheim an der Ruhr • www.verlagruhr.de

Wort und Bild in der Werbung

Thema: _____ Zielgruppe: _____

Quelle (Zeitschrift, Fernsehen, Film, etc.): _____ (ggf.) Tageszeit: _____

BILDER

- Worum geht es im Wesentlichen?
- Spielen Licht und Farbe eine wichtige Rolle?
- Welche Gegenstände fallen besonders auf?
- Was für eine Handlung/was für ein Ereignis wird geschildert?
- Wie sieht die Kulisse aus?

_____

_____

_____

_____

_____

WORTE

- Welche Botschaft wird durch die Worte vermittelt?
- Wie wirken Wort und Bild zusammen?

_____

_____

_____

_____

_____

EMOTIONALE BEDEUTUNG

- Welche Gefühle werden vermittelt oder suggeriert?

_____

_____

VERMITTELTE EINDRÜCKE

- Welcher Eindruck wird vermittelt?

_____

_____

© Verlag an der Ruhr · Postfach 10 22 51 · 45422 Mülheim an der Ruhr · www.verlagruhr.de

Filmanalyse

Film/Video: _____

BILDER:
• Welche Bilder werden im Film besonders hervorgehoben?

_____

_____

_____

_____

TÖNE/GERÄUSCHE:
• Welche Geräusche werden im Film besonders hervorgehoben?

_____

_____

_____

_____

EMOTIONALE BEDEUTUNG:
• Welche Gefühle transportiert der Film/das Video?

_____

_____

_____

_____

EINDRÜCKE:
• Welche Eindrücke vermittelt der Film/das Video?

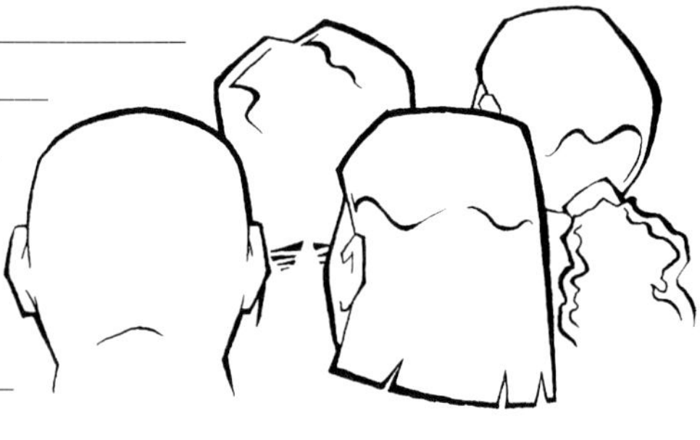

_____

_____

_____

_____

_____

© Verlag an der Ruhr • Postfach 102251 • 45422 Mülheim an der Ruhr • www.verlagruhr.de

Literatur- und Internettipps

> Beisbart, O./Eisenbeiß, U./ Koß, G. (Hrsg.): **Leseförderung und Leseerziehung.** Theorie und Praxis des Umgangs mit Büchern für junge Leser. Auer Verlag, 1993.
> *ISBN: 3-403-02286-2*

> Gruver, Sara: **20 Minuten Aufbautraining Leseverständnis** – Übungen zum sinnentnehmenden Lesen. Verlag an der Ruhr, 2003.
> *ISBN: 3-86072-836-9*

> Haas, Karin: **Texte Lesen – Inhalte Verstehen.** Ein systematisches Training zur Lesekompetenz. Verlag an der Ruhr, 2002.
> *ISBN: 3-86072-736-2*

> Heskett, Tracie: **Aufbautraining Schreibkompetenz** – 7 Schritte zum sicheren Schreiben. Verlag an der Ruhr, 2004.
> *ISBN: 3-86072-865-2*

> Piel, Alexandra: **Sich schriftlich ausdrücken lernen** – Gebrauchstexte produzieren. Verlag an der Ruhr, 2004.
> *ISBN: 3-86072-828-8*

> Piel, Alexandra: **Sich schriftlich ausdrücken lernen** – Texte aus Medien aktiv rezipieren. Verlag an der Ruhr, 2004.
> *ISBN: 3-86072-839-3*

www.stiftunglesen.de
Materialien und Informationen zur Leseförderung

www.lesefoerderung.de
Anregungen und Projektvorschläge zum Thema Leseförderung

www.vorlesewettbewerb.de
Tipps zur Vorbereitung eines Vorlesewettbewerbs und viele Leseempfehlungen

www.verlagruhr.de
Da sich Internetadressen schnell verändern können, finden Sie auf unserer Homepage unter dem Titel „Methoden zur Motivation im Deutschunterricht" eine stets aktualisierte Linkliste der Internetadressen aus diesem Buch.